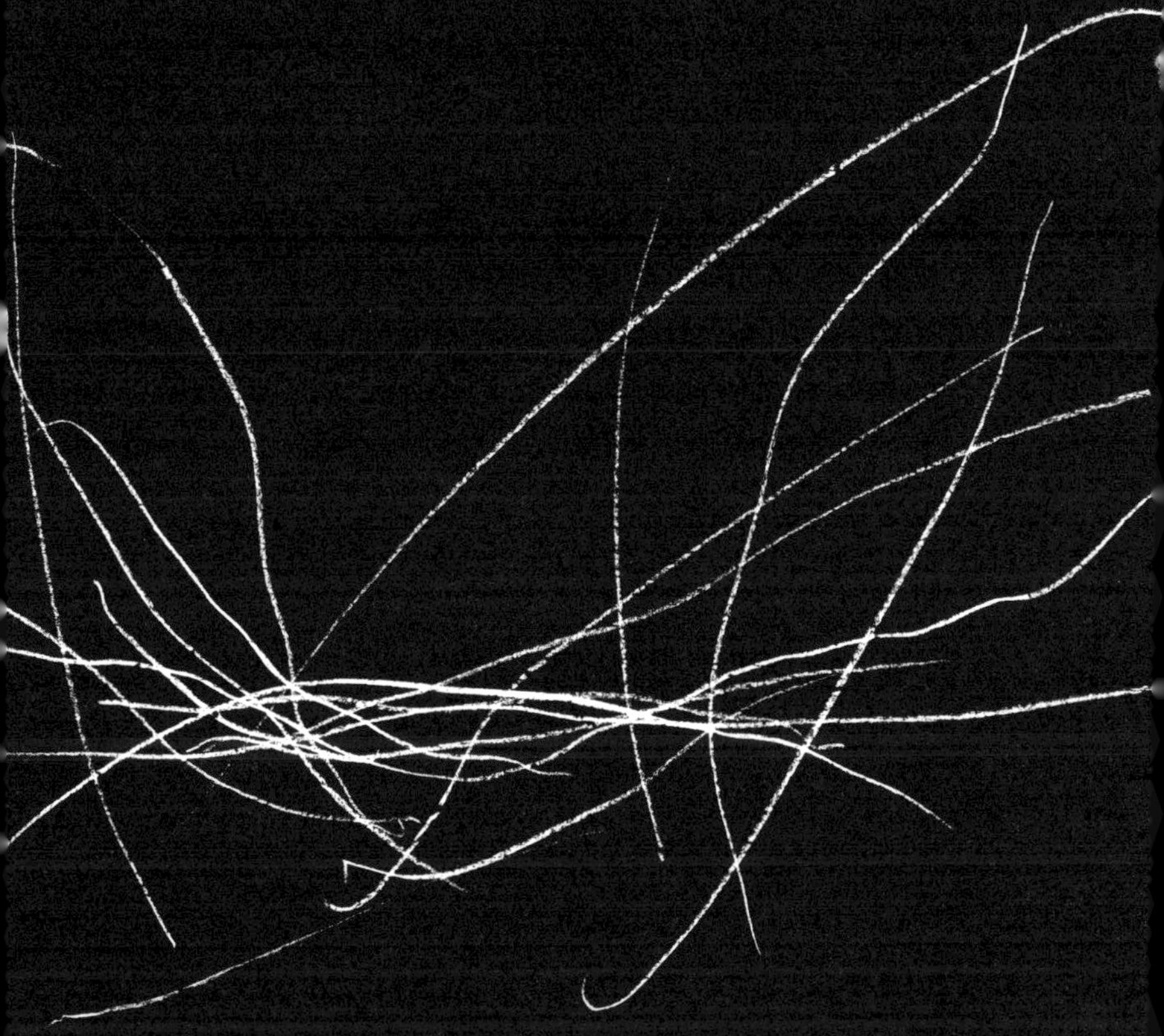

戦時下の日常と子どもたち

佐々木賢

青土社

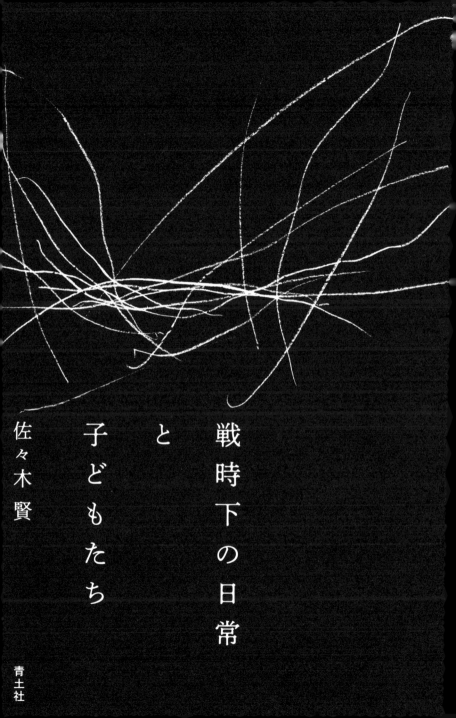

戦時下の日常と子どもたち　目次

戦時下の日常と子どもたち

まえがき

　戦後七十六年を経て戦争体験者が高齢化し、体験を伝える機会が少なくなった。それでも、戦時の子どもとして、子や孫に伝えておきたい負の歴史がある。これを知らないと、再び同じ過ちを犯す恐れがあるからだ。

　ここでは三十七の短編を紹介する。テーマは多岐にわたるが、戦時においての庶民の生活体験に焦点を当てた。

　庶民の戦争体験は忘れられようとしている。平和ならそれでもいいが、世界は未だに「戦争」が続いている。「アメリカのペンシルベニア州に中東やアフガニスタンで偵察任務や攻撃作戦に当たる無人機を遠隔操作する作戦室がある。バイデン大統領は『アフガニスタンでの戦争は終わった』と宣言した。だが、戦争は終わっていない。対テロ戦争で身体や精神に障害を負った帰還米兵は一八〇万人とされる。アフガンやイラク戦争で二四〇〇人の米兵が死亡したが、アフガニスタンではタリバン戦闘員の多くが、村の庶民と血縁関係があり、民間人の死者は四万人に達し、反米と報復の感情だけが積み上がった（「朝日新聞」2021.9.26.）」。

アフガンは遠い異国のことだろうか？　そうとは思えない。第二次世界大戦は領土拡大と開発競争の様相を呈し、日本軍が「満州」・中国・朝鮮・台湾・樺太・千島、太平洋諸島、東南アジアのビルマ・タイ・マレーシア・インドネシア諸島・ニューギニアに出兵した。各国の軍隊が国境を越えて移動した結果、今あるグローバル開発経済の土壌を築いたが、「先進国」とされた欧米と「植民地」とされた東南アジア・アフリカ・ラテンアメリカとの経済格差をもたらした。日本はアジアに属しながら植民地支配をした「先進国」の意識が残っている。

経済格差は差別に通じる。国策として「植民」を奨励した国家は「大日本帝国」と称していたが、「帝国国民」であった庶民は敗戦後に立場が逆転した。日本では東京大空襲や広島・長崎の原爆投下により、数日間で数十万人の庶民が亡くなった。

敗戦後に外地からの引き揚げ者は六五〇万人いた。「旧満州」やモンゴルから旧ソ連によってシベリアへ連行された日本兵が六〇万人いて、約六万人が当地で死亡した。各地に「無名戦士の墓」があるが、亡くなった人々には名前があり、家族や友人との生活があった。植民政策の加害国の庶民は加害者でありながら、被害者でもある。加害の歴史的事実を直視しながら、被害国の庶民の心情に共感し、名前があったのに「無名」とされた庶民に焦点を当て、記憶を新たにするために書かれたのが本書である。

1．学童疎開

——疎開先の学童同士の葛藤

太平洋戦争末期、アメリカの空襲が激しくなり、一九四四年八月四日に「学童疎開促進要綱」に基づき、名古屋市にも疎開命令が出された。南区の明治国民学校の疎開先は三河の西尾市であった。

ここには寺院が多く散在し、各寺院に四〇人前後の学童が分散し疎開した。三年生以上の学童が、初めて親子が引き離されて集団生活をするのだから、低学年生はホームシックでよく泣いていた。食べ盛りの子どもにとって空腹感は絶対的なことだった。

だが、もっと辛かったのは子どもの世界に作られた内部秩序の息苦しさである。

子ども世界の覇権の成立は簡単である。

腕力の強いものが権力を握る。そして、追従者が生まれる。権力構造が確立すると虐げられるものは無残である。通常の子どもの世界にもボスは存在するが、その権力は家庭には及ばず逃げ場があったが、学童疎開は家庭から切り離されているから、ボスと追従者が二十四時間の権力者となる。

一つの寺院に父親役の男性教員が一人、母親役の女性教員もしくは寮母が配属されていた。私たちの担当になった男性教員はビンタで有名だった。寺院は本堂と庫裏《くり》に分かれていて、私たちは本堂に、彼らは庫裏に寝泊りしていた。私たちの寺院には三十歳前後の寮母が配属されていたが、教員と寮母は私たちと一緒に寝食を共にしなかったから、彼らの管理は私たちに及ばなかった。

私たちはボスTとその追従者五人に二十四時間管理された。Tは空腹を満たすために自分と追従者の分をみんなから供出させた。そのころ付近の農家は甘藷《かんしょ》の収穫が終わり、芋切り干しが庭先に並べてあった。空腹な子どもたちにとって罪な話である。だが単独で盗む勇気はない。

ある晩、Tが追従者五人と新入り二人に盗みを命じた。戸板一枚分の成果があがり、Tおよび実行者に十分に配分され、その他のものに一切れずつ配分された。

翌日、農家から学校に通報があり、ビンタは青くなって私たちを糾弾した。日ごろからの体罰への恐怖で一人が白状した。あとは芋づるである。

猛烈な体罰が始まった。「立て！　立たんかぁー」ビンタは狂ったように張り続けた。四人が鼻血を出し、一人は失神した。この泥棒の張本人はTである。私はTを告発する勇気はなく、体罰で責められた子が「Tに言われてやった」と言ってくれるのを願っていた。

子どもたちは泣きながら「ごめんなさい。ごめんなさい」とあやまったが、それでもTのことは言わなかった。自分たちの日常を誰が支配しているのかよく知っていたからである。Tは沈黙を守った二人をその後親衛隊に加えた。だが、第二次疎開組の参入者Nとの喧嘩に破れ、Tの支配体制は崩壊したが、追従者たちはこの権力交替に生き残った（以上は筆者の旧友、森田愛作君の手記である）。

学童疎開促進要綱を調べると、「学童の疎開は縁故を原則とし、縁故のないものは集団疎開とする。疎開側も受け入れ側もともに共同防衛の精神であたる」と記されている。

縁故疎開でもいじめがあった。柏原兵三著「長い道」には、地元の五人組という少年グループが疎開児童をいたぶっている。後に藤子不二雄が「少年時代」という漫画に書き、篠田正浩監督が映画化した。

記録『全国疎開学童連絡協議会』によると、全国で約六〇万の学童が疎開し、二〇％が結核・呼吸器疾患・胃腸疾患・黄疸・ジフテリア等に罹り、食べ物やことばの違いなどでいじめに合い、ノミやシラミや南京虫に悩まされ、両親が空襲によって死亡した場合、帰郷後に戦災孤児となった者もいた。

戦争は最も弱い立場にいる子どもたちを更に悲惨な事態に追い込む。思うに、武力を誇る覇権国家に追従し、国内では弱い立場の沖縄や福島の庶民をいじめている、我が国のボスや追従者は、疎開先のTのグループに似ている。

2. 軍事教練
――配属将校による旧制中学での教練の様子

戦時中に国民学校の生徒は冬でも半ズボンだが、旧制中学校に入学すると、長ズボンになりゲートルを巻く。下から巻き上げ、三巻目で折り返し、脹脛《ふくらはぎ》の上端できっちり揃える。服はカーキ色の国民服に統一され、折襟の下に五つボタンが付けられた。

上着の右上に学年と姓名と血液型が書かれた名札をつけ、戦闘帽を被り、白い掛け鞄を右肩から左腰に斜めに掛ける。ズボンの左右のポケットは使用禁止、口を縫い合わせなくてはならない。冬のオーバーやコートや襟巻きは禁止された。

中学での挨拶は挙手の敬礼をした。帽子の鍔《つば》の右端二センチ内側の縁に人差し指と中指をかすかに触れ、右肘を直角にし、手の掌面を三〇度に傾ける。街中で上級生に会えば歩行しながら敬礼し、教員には立ち止まって敬礼しなければならない。グループで歩いている時は班長の号令によって一斉に敬礼する。宮城礼拝や勅語奉読には脱帽して、最敬礼をし、軍事教練では捧げ銃《つつ》をした。

各中学では配属将校が軍事教練を担当した。「気ヲツケ！」「前へ進メ！」「全体トマレ！」の号令を掛け、行進の練習をした。行進にも分列行進、閲兵行進、速歩行進、駆歩行進等と色々な種類がある。その他、射撃姿勢、伏せ、縦隊、横隊、隊形変換、匍匐《ほふく》前進等の訓練があり、冬の寒稽古や夜間の長距離行軍の訓練もあった。

教練の基本は不動の姿勢にある。両足踵《きびす》を揃え六〇度に開いて直立し、体重をやや前方に傾け、腹部と両肩を後方にひいて左右同形にし、両眼は一点を直視し、眼を動かしてはならず、口を閉じ、指を伸ばし中指をズボンの折り目に当て、号令に即時に従い、次の動作に移れるように身構える。目は「威光を放つ」よう指導され、それがないと「たるんどる！」と叱責、もしくはビンタを食らった。

「回れ右！」の号令で、右足を踵の方向に引き、引いた右足の先が左足の踵より二センチ後ろに来るようにし、体重を両足に等しくかける。第二動作で両足の踵を軸として一八〇度回転し、第三動作で右足を引きつけ不動の姿勢に戻る。

「休め！」の号令で、休んではならない。左足を足先の方向に一足だけ出し、踝の位置を動かさずに、そのまま不動の姿勢を保つ。汗を拭いたり、話をしたり、服装の乱れを直したり、空をみるのは禁止された。

一糸乱れぬ整然さが必要で、それに従わない者はビンタを食らった。ビンタには左頬を手の平で打ち、返す手の甲で右頬を打つ「往復ビンタ」と、生徒各自が対になり、互いにビンタし合う「対抗ビンタ」があり、その他、地面に正座させられ、暗闇でゲートル巻きの練習をしたり、そのまま長時間に渡り放置されたり、水を入れたバケツを両手で前に差し出すように支える罰もあった。

配属将校が話の途中で、急に「気ヲツケ！」と号令を掛け、生徒全員が不動の姿勢をとると、「おまえらは、恐れ多くも大元帥陛下の赤子《せきし》であって、陛下のお役に立てるための身体を預かり受けているに過ぎない。だから自分の体であって、自分の体ではない」とお説教をされた。「個人は国家のために死を賭して戦うためにある」とされたが、国家を分かり易くするために天皇を中心に据えたのだろう。

将棋の駒で言えば、王や玉が天皇、金や銀は財閥、角や飛車は軍閥で、そして庶民は歩であり、王や玉のために捨てられる存在であった。戦う相手も同じように、歩である庶民が湯水のように捨てられ殺された。

十五年戦争を考えると、彼我の数千万人の命を失いながら、勝っても負けても庶民には何の得もなかった。何しろ、庶民は命以外に奪われる財産も株もないのだから。

昔の財閥は今も健在で、軍の指導層は自衛隊の幹部に納まり、天皇制が存続し、国家の体質が何も変わらず、ごく少数の指導層と富裕層が勝っても負けても得をした。現政権が「国民を守る」という時、その国民とは富裕層だけを意味していることを知らねばならない。

軍事教練の真の目的は、国家の指導層と金持ちたちを守るための個人の抹殺にあった。憲法第十一条に記された「基本的人権は侵すことのできない永久の権利として、現在及び将来の国民に与えられる」という文面の歴史的意義をもう一度噛み締めておきたい。

3. 戦災孤児
――戦災で家族全員を失った十二歳の少年のその後

定時制高校時代の筆者の友人であるO君（当時十二歳）は下関にいて一九四五年八月、外出から帰って来たら、周囲は空襲で焼け野原になり、家族は全員死亡していた。生きている大人たちは血眼になって自分の家族を探していて誰も助けてくれない。

以前に親戚がいると聞いていたので、無賃乗車をして名古屋まで来たが、ここも空襲に遭い、駅周辺は混乱していた。間もなく敗戦。駅の西側に闇市が出来、自分と同じ食べ物を探す浮浪児がうようよしていた。一人のヤクザ風の復員兵が声を掛けてくれ「飯を食わせてやる」と言ったのでその兄貴についていった。焼け跡の廃材を組み立てた小屋に寝かせてくれたが、兄貴はナイフを一本くれ「これで稼いでこい」と言った。

夜になり闇市に行くと、複数の浮浪児たちが小屋の物置から物を盗んでいたが、どうやら縄張りがあるらしく、新参者はナイフで渡り合わねばならない。出来るだけ弱そうな相手をみつけ、食糧を盗めた時には兄貴が「よくやった」と褒めてくれた。

そのような生活を続けていたある日、小屋に帰ると、兄貴が血だらけになって横たわっていた。ヤクザの抗争があり、それに敗れたらしい。弱り果て虫の息で「よく聴け、金曜日の朝、ゴヤ裏（名古屋駅の西）のポストの前に立っていろ」と言ったあと息絶えた。「兄貴！　兄貴！　死んじゃいやだ」と叫んだが答えはなかった。

気を取り直して、金曜日の朝、ポストの前に立っていたら、作業服を着た男たちがトラックに乗ってやって来た。周囲を封鎖し、一斉に浮浪児を捕まえトラックの荷台に乗せている。「しまった」と思ったが、もう遅い。「浄化作戦」と呼ばれる浮浪児の狩り込みに遭ったのだ。トラックは役所のような場所に行き、幾人かの役人が手分けをして、浮浪児を分類しているようだった。

小型のトラックに乗せられ、やって来たのは名古屋の東に位置する八事の教護院だった。そこには何人かの職員や寮母さんがいて、粗末ながら食事にありつけた。その時、「ああ！　兄貴は死の間際に、俺のことを心配してくれてたのだ」と気づいた。生活は農作業が多く、食糧を自給自足していた。だが学校へは行けなかった。夜に、読書好きなO君は拾ってきた教科書を読んでいたら、職員に見つかってしまった。「バカやろう！　電気を無駄遣いしゃがって」と言われ、懲戒処分として別の施設に送られることになった。

新しい施設は市の郊外で辺鄙な所にあったので、やはりO君は「しまった！」と思った。でも施設のOという名字の寮母さんは殊の外親切だった。寮母のOさんはO君と同じ年頃のご自分の子と空襲で死別されていたのだ。寮母のOさんはO君を自分の養子にしたいと願い、渡りに船とO君は承諾した。そこでO姓を名乗ることになった。

「勉強してもいいよ」と養母に言われ、O君は定時制高校に進学した。O君は筆者と違って成績が良かったので、卒業後に市役所の下級職試験（高卒）に合格した。彼の身上を察してか福祉課に配属され、様々な理由で孤児となった子どもたちの世話係になり、数十人の子たちが就職する際の保証人になった。その孤児たちは「おやじの会」を作り、年に数回O君を呼んで会食していた。

戦災孤児で、高校進学できたのは極めて稀であった。筆者は一九四九年に定時制高校に入学したが、同年の全国高校進学率は五〇％以下で、中学時代の友人に「いいなあ、俺なんか親父が中風で働けないので」と、うらやましがられた。O君の場合、本人の努力もさることながら、かなり運に恵まれていた。

一九四七年からNHKラジオで、戦災孤児をテーマにした菊田一夫作「鐘の鳴る丘」が放送された。「♬緑の丘の赤い屋根、とんがり帽子の時計台、鐘が鳴りますキンコンカン、メエーメエー子山羊も鳴いてます」とメロディーが流れ、明るく強く生きていく孤児たちの姿が描かれていた。O君に「あのドラマ、どう思う？」と聞いてみたら、「あんなもん、血が出てないのがウソ臭い」と彼は応えた。国家や世間は戦災孤児を浮浪児とか「ゴミ」と呼び、虫けらのように扱ったのが実態だからだ。

4. 引き揚げ

——発疹チフスに罹り、引き揚げ団から捨てられた四歳の少女

中国東北地方（旧満州）の高粱《コーリャン》畑の中で、背中の毛はまだらに抜け落ち、歯もぼろぼろになった老いた狼が死に場所を探していた。ふと見ると、赤いもんぺを履いた四歳位の女の子が一人きりでしゃがんでいた。女の子は狼に向かって「ベル」とうれしそうにかじりついて来て「お母さんはどこへいっちゃったの、ねえ、ベル、探してきてよ」と呟やいた。狼が水を飲むと、女の子も真似して飲み、お腹が減るとバスケットの中から乾パンを出してボリボリかじり、金平糖を狼にくれた。女の子の名はキクちゃん。父親は北方（旧北満州）で写真館を経営し、母と二人の兄と一匹のシェパードと一緒に暮らしていた。

一九四五年春に父に召集令状が届き、関東軍に所属した。八月六日、ソ連が参戦し、父を含む関東軍は朝鮮へ向けて逃走しつつあった。軍部の偉い人やその家族と役所の幹部たちはソ連軍の攻め

入る前に特別列車を仕立てて逃げていて、一般市民だけは取り残された。

一方、北方からの避難民の一団は着のみ着のままで、持てるかぎりの食料を身につけ、始めは貨物列車に乗り、遠くで爆弾の音がする中、オシッコは車内でしながら逃げていた。ところがある駅で、見知らぬ男たちが「降りろ、この先は通れないいから歩け。声を出すな匪賊《ひぞく》が襲ってくるぞ」と言ったので、一団はぞろぞろ歩きはじめた。

何日かして、キクちゃんの肌に赤い斑点が出てきた。リーダー格の老人がそれを見て「発疹チフスだ。皆に染るぞ。かわいそうだけれども、捨てていく他はない」と言った。母は八歳と六歳の次兄を連れていたので、涙のありったけをしぼったあげく、バスケットに乾パンをつめて、キクちゃんを捨てていくことにした。

キクちゃんは一人ぼっちになってびっくりしたが、捨ててきたはずのベルがすぐそばにいて、きょとんとながめているので少し安心した。狼は夜にはキクちゃんを抱いて寝て、昼間は背中につかまらせて北に向って歩きはじめた。そこにはいたるところで人の死体がころがっていた。

狼は死ぬつもりで出かけたのに、妙なことになったとぼやきながら、それにしても人間は薄情だな、自分たちの仲間ならどんなことがあっても子供を見捨てることはないのにと呟きながら。

キクちゃんは熱がひどくなり、ぐったりとしていた。その体のもんぺを、狼は欠けた歯で懸命にくわえ、よろめきながら北に向かっていた。その時人間に発見され「おい、狼が子供をさらっていくぞ」と叫びながら、鉄砲で撃ちはじめた。それでもなお狼は自分の体で、キクちゃんをかばおうとしながら、息絶えた。かけつけた人は冷たくなっている女の子の体に噛み傷一つないのを不思議がり、キクちゃんをそこに埋葬した。狼はさらされたままで、でも骨になっても、キクちゃんを守るように、お墓のそばからはなれなかった。

（野坂昭如著『戦争童話集』、「年老いた雌狼と女の子の話」中公文庫）

中国東北地方からの引き揚げは開拓民一五五万人、非開拓民二七万で合計一八二万人いた。そのうち、死亡者は開拓民一七・六万人で、非開拓民七・八五万人である（「引揚と援護三〇年の歩み」厚生省、一九七七）。元々植民地に出かけた人々は異国の土地を取り上げた加害者と見られたが、内地では、会社を首になったり、農家の次男三男であったり、詐欺まがいの「拓殖会社」に耕作地を取り上げられ、食いはぐれた人々であり、謂わば、帝国の犠牲者である。国家が「大東亜共栄圏」とか「王道楽土（旧満洲）」と唱えて庶民を騙して送り出した。

引き揚げについて、キクちゃんの話はフィクションだが、これに類した実話がどっさりある。何しろ数百万の庶民を外地に送り出し、そのうち数十万人以上が死亡しているからだ。キクちゃんは国家に捨てられ、関東軍に捨てられ、旧満洲官僚に捨てられ、避難民団長に捨てられ、最後に母親に捨てられ、狼だけが傍にいて最期を看取った。

戦争になると、国家の指導者は他国を武力で叩き、自国の民を如何に騙《だま》すかに専念する。そして敗戦の時は、自らの責任逃れに汲々とし、最も幼くて弱い者から切り捨てていき、庶民を決して守らない。この歴史的事実を確認しておきたい。

5. ガラスのウサギ
――この題名で戦争体験を書いた高木敏子さんにインタヴュー

「この国は油断していると『お手伝い戦争』をするようになる。今まさにアメリカのお手伝いのために、戦争する国になろうとしている。憲法が守ってきたものが、ここから崩れてしまいそうで、怖いんです（「朝日新聞」2015,6,18.「あんな死に方 もう二度と」）と語られた高木敏子さん。

筆者の友人鈴木宏さんが高校時代に演劇部の合同練習で高木さんと知り合い、その後七十年間のお付き合いがあり、「今度、お会いするから一緒に行かないか」と誘ってくれた。高木さんも快諾して下さったので、ご一緒することにした。

高木さんは一九三二年、東京市本所区（現墨田区）に生まれ、戦争体験『ガラスのうさぎ』（金の星社、一九七七）を書かれ、厚生省児童福祉文化奨励賞や日本ジャーナリスト会議奨励賞等を受けられ、英語、タイ語、中国語等の一〇ヵ国語に翻訳されている。

一九四五年三月十日、B29の三三四機が一七八三トンの爆弾と焼夷弾を投下した東京大空襲で、高木さんのご母堂と二人の妹さんが亡くなられ、敗戦の十日前にご尊父が米軍の機銃掃射で命を絶たれた。東京大空襲では死者一〇万余、罹災者は一〇〇万を超え、裸で黒こげになった焼死体が転がり、上野公園に死体を集め、兵隊たちがトラックで本所に運び埋葬された。この戦争で亡くなった兵士と民間人三一〇万人、戦災孤児一二万人にのぼる。

ひとつの逸話。一九四一年十二月八日の真珠湾攻撃の時、ご尊父は「バンザイ」と叫ばれた。だがのちに東京大空襲で亡くなるご母堂は冷静で、文机の前で読書をされていた。愛国婦人会の役員を頼まれても「体が弱いのでそんな大事なお役目はお引き受けできません」ときっぱり断られた。二人の兄上がそれぞれ海軍と陸軍に志願され「ぼくたちは国のために戦いたいんですよ。ぼくたちが起たないで誰が国を守るんですか」と主張されたにもかかわらず、ご母堂は「二十歳になれば徴兵検査があって、兵隊にとられるのに、なにも急いで志願することないでしょ。死ぬため行くようなものじゃないの」と諫《いさ》めておられた。(「ラストメッセージ」メディアパル、二〇〇七)。軍国主義が蔓延《はびこ》る時代でも、母親は冷静に命の大切さを説いていたことを知る。男性より女性の方が皮膚感覚で戦争を拒否していたことが分かる。

一九四五年八月十五日「玉音放送」の後、大人たちはみんなしょんぼりしていた。「村長さんの家に集まって放送を聞いたのだけれど、雑音が入ってよく聞き取れなかった。どうも陛下は、日本は戦争に負けたので、これからいろいろ大変なことになるだろうが、耐えがたきを耐え、忍びがたきを忍んで、国体の護持につとめるようにとお話になられたようだ」と話していた。

「戦争が終わったことを知りました。日本は戦争に負けたのです。その時わたしは父が亡くなったのは、わずか十日前、母や妹たちの死も五ヵ月前のこと、なぜもっと早く戦争は終わらなかったのだろうと、そのことばかり考えていました。ポツダム宣言（一九四五年七月二十七日）を一日でもはやく受け入れていたら、どれだけたくさんの人が助かったかしれない。父も死なずにすんだのです」と高木さんは語られた。庶民にとって「国体の護持」よりも身近な人の命の方が大切なことを感じていたのだ。

元軍人たちは軍人恩給が支給されるように奔走し、獲得した。軍人の遺族たちにも支給された。戦争を戦ったのも、負傷したのも、亡くなったのも軍人だけではないのに、子どもたちや女たちへの救いの手は差し伸べられなかった。「この思いはわたしのわだかまりとなって、未だに消えていません」と高木さんは語気を強めて語られる。

「戦後にできた憲法九条は私にとって輝く太陽でした。日本は永久に戦争をしない国になった。これを子どもや孫、孫や曾孫の世代まで伝えなければ、それが『ガラスのうさぎ』に込めた願いです」と高木さんは書かれている。三十年間で講演を一七〇〇回され、特に反応が良かったのは、北海道、東北、沖縄、九州であった。参加者は女性が多く、日教組の母と女教師の会が熱心だった。

中米コスタリカはクォーター制で国会議員の四割を女性が占め、二〇一〇年には女性大統領が誕生した。二〇一六年、核兵器禁止条約の交渉を国連で始める決議を提案した。しかし日本は、核保有国の米国・ロシア等と共にこれに反対票を投じた（乗浩子「ラテン・アメリカ近現代史」二〇一七年三月四日講演記録）。

「戦争を起こそうとするのは人の心で、起こさせないとするのも人の心です。起こさせないという心の輪を二宮から日本国中、世界へ広げていってください（「リビング平塚」2017,7,29.）」と語られた高木さんも女性である。戦争に反対する感性を男性も共有することが、戦争を起こさせない近道であることを確信した。

6. 庶民の生活
――徴兵検査、隣組、国民服、敵性語、外食券、代用食

徴兵

明治から大戦後まで、二十歳になった男子に徴兵検査を受ける義務が課せられた。合格者に「赤紙」と呼ばれた召集令状がくる。令状は最寄りの警察署に保管され、市町村の役場の吏員が応召者本人に手渡しした。令状には配属される部隊名と出頭する日時が記載され、理由なく召集に応じなかった場合、罰金刑もしくは拘留と書かれていた。

隣組

一九四五年九月、内務省が「部落会町内会等整備要綱（隣組強化法）を公布し、五軒から十軒の世帯を一組とし、住民動員、物資の配給、出征兵士の見送り、戦死者遺族の援助、国債の購入割り

当て、防空消火訓練等を義務づけられた。江戸時代の「五人組」にならい「一人の罪は共同責任、相互密告、相互扶助」が奨励された。

国民服令

一九四〇年に出された勅令「国民服令」に「わが国の服装文化は余りにも欧米を模倣し、自立性に乏しいことを反省しなければならない。国民服の生産に各位のもてる技術を活かし協力されんことを望む」と書かれていた。背広は望ましくなく、ズボンにゲートルを巻き、民需用洋服地統制を強化し、カーキ色に統一された。

敵性語

一九四〇年の内務省令に「外国カブれは大和魂を培う妨げになる。カタカナ文字や表現を禁止する」とあり、法的根拠はないまま英語が忌避された。野球のピッチャーは「投手」、キャッチャーは「捕手」、ストライクは「よし」、ボールは「ダメ」、ロシア人投手のスタルヒンは「須田博」と称し、たばこのゴールデンバットは「金鵄」、かきフライは「牡蠣洋天」、サイダーは「噴出水」、ハンドルは「運転円把」、鉛筆のHは「硬」Bは「軟」、コスモスは「秋櫻」、カンガルーは「袋鼠」、楽譜のドレミファソラシドは「ハニホヘトイロハ」と教えられ、「オールドブラックジョー」や「峠の我が家」や「アロハオエ」は演奏されなくなった。

軍事機密

一九三九年に軍事機密保護法が出され、俯瞰撮影が禁止された。二〇メートル以上の上から下を写してはならず、スケッチも禁止された。違反するとスパイと看做された。列車窓から海を見ることが禁止され、「自主的」に浜側の窓の鎧戸を下ろし、沖合の軍艦を見ないようにした。

教科書

一九〇三年から一九四五年まで国定教科書が出されていたが、一九四一年に尋常小学校が国民学校に代わり、一年生の国語で「サイタ　サイタ　サクラガ　サイタ」が「アカイ　アカイ　アサヒ　アサヒ」となった。

体操

国民学校では、「戦意高揚」のため相撲と鉄棒と持久走が主になり、相撲は「国技」と言われ、場所は十三日制から十五日制になった。

飲食

一九三七年からの日中戦争で米の輸入が困難になり、政府提唱の節米運動が起こされた。同年に「白米禁止令」が出され、飲食店では七分搗《つ》きの米に麦を二割以上入れないと営業を停止された。「肉なし日」が一ヵ月に四回あり、「興亜奉公日」が毎月一日あって、飲食店で米飯を出してはならないし、映画館は営業を停止した。

砂糖・塩・味噌・米は配給制となり、「外食券」を持っていないと外食ができなくなった。麺類は「代用食」と言われ、一九四四年頃から代用食にも事欠き、「決戦食」が登場する。これは、ひじき、南瓜、蜂の子、とんぼ、芋の蔓、髪切虫の幼虫、いなご等を意味する。「食糧足らぬは工夫がたりぬ。決戦食で頑張ろう」と、政府はしきりに宣伝していた。

戦時の国は「敵」より、自国の庶民の統治に心を砕くものである。

7. 将兵

——戦死した若者の遺族に届けられた「戦死報告書」とは

太平洋戦争で戦死した一人の若者、陸軍少尉浅田貞一、二十三歳の遺族に届けられた「戦死報告書」がある（個人誌「まぐばい・れーん」12号、2017,11,30.）。一九四六年頃に書かれ、セピア色に変色したわら半紙に、ガリ版で印刷されている。

「謹啓、春暖の候貴家御一同様にはいかがお過ごしの事かとご案じ申し上げております。
さてご照会の陸軍少尉浅田貞一殿は万里の波濤を超えて東部ニューギニア上陸以来、熱帯の地において、熾烈なる砲撃下各地に転戦、あらゆる困苦欠乏を克服し終始敢闘せられましたが、昭和十九年五月十九日東部ニューギニア、ウラウにおいて胸部貫通銃創のため戦死せられ、同日付けをもって陸軍中尉に進級致されました。ここに謹んで英霊のご冥福をお祈り申し上げるとともに、ご遺族ご一同様のご心情に対して深くご同情申しあぐる次第でございます。部隊は上陸以来連続三年にわたる激戦により損害も甚大にして、昭和十九年三月以来内地との通信も杜絶し、戦況上遺骨遺留品等も持ち帰ることもできず、今また残務整理のため残留せる人員も僅少にして、いまだ健康の回復も不充分な患者も続出し、仕事の進捗も思うにまかせず、したがってご通知等も遅延し、照会をいただき恐縮しごくに存じております。皆さまのご心情を思い一日一刻も早く整理を完了するよう努めておりますので、ご承知おきを願います（第二十師団残務整理班、回答文書）」と書かれている。

また、「戦闘ならびに行動概要」という文があり、そこには以下のように記されている。

「昭和十八年一月朝鮮釜山港出発、同月二十一日南洋群島パラオ島上陸。三月よりウエワク地区に向かい連続一三〇里の転進開始、主力は六月ニューギニア島ハンサに上陸、マダン地区に前進、同地区警備と作戦用道路啓開ならびに構築作業に任ず。七月十日坂東川の戦闘、熾烈なる銃砲火を侵し敵陣突破、爾後アフア付近の敵を猛攻、八月上旬、命により攻撃を中止す。聯隊の敢闘は終始優勢なる敵を受動の位置に立たしめ戦果絶大、ために軍指令官により感状（戦功を賞し上官から与えられる文書）を授与せらる。ただし聯隊は多数の犠牲者出し戦力約三％に低下す。

補充員の一部はウエワク地区上陸アイタペに集結警備間、米軍約二ヶ師団が同地に上陸、交戦の後、主力はウエワクに帰来せるも隊は蘭領ホルランジャ方向に転進、その後の状況不明。昭和十九年三月以降、内地との交通杜絶のため補給を欠き、九月以降一粒の米なく、現地物資により自活す。

加うるに風土病マラリアの猖獗と偏食のため体力すこぶる低下す。昭和二十年八月停戦により、十月山南出発、ムッシュ島集結。待命自活す。聯隊の生還者約百名、その大部分は内地到着とともに入院せり」と書かれている。

この資料から、陸軍少尉浅田貞一の属する聯隊（約五千名）は、ニューギニアで米軍二ヶ師団（約四万名）と「交戦」し、生還者は一〇〇名であり、当少尉は戦死、戦病死、戦傷死した四九〇〇名の中の一人であったことが分かる。

浅田少尉個人に目を向けると、一九四三年に二十二歳で故国を出て、一九四四年の二十三歳で亡くなるまで、釜山港からパラオ島へ、さらにニューギニア島まで十一ヵ所を転進し、最後の地で「連続一三〇里（約五二〇キロメートル）」を歩き続け、停戦間際には、多くの将兵が風土病マラリアに罹り、本土からの食糧補給が途絶え、国から「特命自活、勝手に生きろ」と命令された。国から得たものは、司令官の感状（感謝状）と、死後、少尉を中尉に上げる一階級昇進だけであった。

記録を残した残務整理班は、当時としてはかなり丁寧な仕事をしている。現在、歴史修正主義がはびこる中、敗戦直後の負の歴史が刻まれている。資料自体に厭戦気分が滲み、国家にとって「不本意な真実」を暴いている。「祖国を守れ」と言いながら、何のために戦うのか分からない遠い異国の地に若者を送り出し、そこでは、将兵の三％しか生き残れず、国は多くの若者の命を湯水のように使い果たし、食糧が枯渇すれば、「自活せよ」と突き放したことが記されている。

海外派兵を考え、憲法を改定し自衛隊を明記しようと企む現政府は、七十年前の国の指導者と同じ道を歩もうとしていることを、是非、記録しておきたい。

8. 靖国の遺児
――一九五二年〜五五年『靖国神社遺児参拝文集』を読む

一九五二年から一九五九年にかけ、靖国の遺児たちの靖国神社への集団参拝が行われた。北海道・岩手県・福島県・広島県・茨城県・大阪府・広島県・島根県・長崎県等が実施したが、ここでは、大阪府の事例を紹介する（資料、「『靖国神社遺児参拝文集』を読む」松岡勲、「反天皇制市民1700」二〇一八年一月二十五日・「一九五〇年代の靖国神社遺児参拝の実像を探る」松岡勲　季刊「戦争責任研究」第七六号二〇一二年夏・靖国神社遺児参拝文集「靖国の父を訪ねて」財団法人大阪府遺族会、一九五八年）。

一行は五〇〇名から一〇〇〇名に及び、所要経費一人二〇〇〇円の全額を府が負担した。当時の地方公務員の平均月給は六五〇〇円だから、現在の数万円に匹敵する。一九五三年から国鉄に「戦没者遺族靖国参拝の乗車券五割引制度」があり運営は遺族連盟に委嘱されたが、実質は大阪府民生部世話課が担当していた。

天王寺公園での靖国遺児上京壮行会があり、大阪駅には府知事や府会議議長が見送りに駆けつけ、府教育委員会は「期間中は遺児を欠席扱いしないこと」と学校長に通達した。一九五二年五月十日の新聞各紙が報道し、産経新聞には「九段の森に眠る亡き父に晴れて対面出来る喜びを胸にふくらませながら上京した」と書かれていた。

だが、どの新聞も靖国参拝が、憲法二十条三「国及びその機関は、宗教教育その他いかなる宗教的活動もしてはならない」に違反することを書いてはいなかった。

遺児たちは午前八時に深閑とした雰囲気の境内に誘導された。本殿に昇ると祝詞《しゅくし》の声が聞こえ、玉串《たまぐし》を捧げる神事が行われ、正面に置かれた大鏡に父親の顔が見えると説明され、宮司が話しはじめた。

「この靖国神社は、お国のために亡くなられたあなたがたのお父さんやお兄さんの英霊がお祀りしてあります。この国があるかぎり、あなたがたのお父さんの名は永遠に残るでありましょう。『お父さんこんなに大きくなりました』と報告にこられています。さあ、あなた方のお父様と無言の対面です。心おきなく存分にお話ください」。

演出された荘厳な雰囲気での講話を聞き、「何となく、父は立派な死に方をしたんだなあ」と思った子どもたちがいた。だが遺児文集を読むと、別の受け取り方をしていた子もいる。

女子「大きな鏡の前に私たち一同は座った。この鏡の中にお父さんが居る。私はじっと鏡をみつめていた。『お父さん』と、小さくよんだ。目頭が熱くなってきた。涙がほほをつたった。鏡がくもって見えなくなった」。

女子「あんな所におられるのだろうか。開けてみたい。どんな姿であろう。顔もみたい。今はもう何もしてくれない父の姿。なんであんな戦争したの、お父さんをもとの姿で返して、と大きい声で云いたくなるほど悲しくなった」。

男子「誰が父を殺したか。それは戦争である。その戦争は誰がしたのか。『国のため』と、国民の苦労をよそに、貴い人命を赤紙一枚で左右する一部の権力者のために、父をいや数十万という人命を失ったのだ。僕は戦争を憎む。いやそれ以上に戦争を引き起こした政治家、軍人を憎む」。

女子「犠牲は美しい行為である。しかしそこには意志が働いて、初めて美しいと言えるのであって、犠牲の気持ちも無くして死んでいった者に、結果からみて犠牲の名で呼ぶのはかえって、侮辱になりはしないか。父は召集令状、赤紙一枚によって操り人形と化せられ、別れたくもない親、妻子、知人との別離を命ぜられたのだ。私は靖国参拝を喜ばしい事とも、めでたい事とも思わぬ。こうした日を与えられた私を不幸と悲しむ」。

女子「この国は神をたよりに、何百万という貴い人命を投げ捨て戦った。大戦に破れ何百万の家族が苦しんでいる有り様を見る時、神国日本はどうしたのだろうか。果たして神があるものだろうか。決してないのです。私は信じます。苦しんで居る一個人を救うのが神や仏の力ではないのか。何十万という遺族を国の費用で参拝させている事は何と言うことかと嘆かざるをえないでしょう。

日本の政治家は一個人を救う道は無いものかということを考えるべきでしょう」。

「霊璽《れいじ》簿から父の名を抹消して欲しい」という「靖国合祀イヤです訴訟」に対し、二〇一一年十一月三十日、最高裁は上告を棄却し、大阪高裁の判決を確定した。今こそ、憲法違反を続ける国の指導層にどう反撃するかが問われている。

9. 軍法会議

――戦中に軍上層部の汚職を暴き「従軍免脱罪」で死刑にされた伍長の記録

日本政府は二〇一六年にＰＫＯ「駆け付け警護」で青森陸上自衛隊第9師団を南スーダンに派遣した。二〇一七年五月、北朝鮮の軍事動向を牽制するため、アメリカ補給艦の警備と称して、海上自衛隊「いずも（大型ヘリコプター搭載）」が出撃している。出撃とは、味方の基地から出て、敵を攻撃することで、「自衛」の任務とは思えない。

元陸将、福山隆は「仮に自衛隊員が戦闘に巻き込まれ、自衛、あるいは任務遂行のために発砲した銃弾が民間人に当たって死んでしまったとする。こうした場合、ＰＫＯ部隊の兵士は派遣国の軍法会議によって裁かれる。ところが日本国には軍隊が存在しないし、当然、軍法も軍法会議も存在しないから、刑法一九九条の『殺人罪』しかない」（「週刊新潮」二〇一七年六月八日号）と語り、元海上自衛官、護衛艦隊幕僚は「軍司法がない軍事組織は異常である」とも語っている（中村秀樹著

『自衛隊が世界一弱い38の理由』文藝春秋社)。

自衛隊制服組トップである統合幕僚長は、日本外国特派員協会の席で「安倍晋三首相が自衛隊の位置づけを憲法九条に明記しようとしていることは『非常にありがたい』」と述べている(「J-CASTニュース」2017,5,24.)。政府にとって、集団的自衛権を行使するため、憲法改正が急務であることが分かる。

憲法を改正し、軍司法制度を復活したらどうなるか。太平洋戦争末期の二つの事例を思い出しておきたい(『軍旗はためく下に』結城昌治著、中公文庫、一九七三年刊)。

馬淵軍曹は一九四四年八月十日にラバウル島で処刑された。「敵前逃亡・奔敵＝党与シテ故ナク職役ヲ離レ又ハ就カサルハ左ノ区別ニ従テ処断ス。敵前アルトキハ首魁ハ死刑又ハ無期ノ懲役若ハ禁錮ニ処ス(陸軍刑法第七六条)」に違反したとされた。

当地では、日本の連合艦隊は壊滅し、飛行機は一機も無く、武器や食糧の補給は杜絶し、総司令部からは「自活して島を守れ」の命令が来ていた。将兵は米軍と戦う余地はなく、飢えと赤痢やマラリアや熱帯潰瘍(小さな傷でも、皮膚に筋子様のブツブツができ、それが骨まで達すると死亡する)に悩まされていた。

米軍はまず日本軍の兵器庫を爆撃し、次に戦車で出撃し、火炎放射器で隠れ家を焼くから、武器と食糧のない日本兵は山に逃げるほかない。飢えを凌ぐために米軍の食糧庫を襲う数人の斬り込み隊が作られ、その中に馬淵軍曹がいたという戦友の証言がある。
「馬淵軍曹は明らかに戦死です。処刑されたというのはなんかのミスでしょう。戦死報告書の資料は敗戦後の帰還船内で作成され、元の資料は軍の機密ですから焼却されています」と語っている。

矢部伍長は一九四四年、ビルマ戦線で「従軍ヲ免レ又ハ危険ナル勤務ヲ避クル目的ヲ以テ疾病ヲ作為シ、身体ヲ毀傷シ其ノ作為ノ行為ヲ為シタル者ハ、敵前ナルトキハ死刑又ハ無期若ハ五年以上ノ懲役ニ処ス（陸軍刑法、第五五条　従軍免脱）の罪で処刑された。

矢部伍長は大隊長の当番兵であった。大隊長は日本から芸妓を呼び寄せ、翠紅園という高級料亭で将校と共に酒宴を開いていた。肉食が好きで、羊羹や蜜豆の缶詰をごっそり蓄えていた。

側近の部下たちも組織の長を見習い、経理将校はビール一〇ダースを五ダースと帳簿につけ、被服や食糧を私物化し、毎晩のように料亭で宴を催していた。敗戦を予期して自暴自棄になっていたようだった。前戦では飢餓と死闘が続いているのに。

伍長はこうした上層部の紊乱《びんらん》した様子を、血書にしたためて師団長に直訴した結果、血書の際、右の薬指を切ったことによる「従軍免脱罪」で死刑にされた。

当時の戦友は「外地の軍法会議では弁護士もつかないし、控訴権もない。法廷に出た矢部さんは青い顔をして、ひとことも口を利かなかった。師団長も似たりよったりで、碌《ろく》なことをしていなかったので、連隊長を処罰する資格はない。下手に問題を大きくしたら、自分の足元に火がつきかねない。だから、裁判を急がせ、死刑にしたのであろう」と話している。

前線の軍法会議では、上級将校が保身のために、人間の尊厳を敢えて無視した。戦後になっても、戦没者連名簿に軍法会議によって処刑された者の遺族には遺族年金も遺族弔慰金も出されていない。戦後の政府は戦中の政府の「意志」を受け継いでいるからだ。

10. 短波ラジオ

――発明好きの少年が自作の短波ラジオでアメリカの情報を盗聴

和光大学名誉教授の岩城正夫さん（一九三〇年生まれ）から、著書『セルフメイドの世界』（群羊社）をいただいた。この本に、一九四五年当時十五歳だった氏の実験や発明のことが書かれている。戦時における希有な体験なので、当時の状況を知るために紹介しておきたい。

「一九四三年（昭和十八年）の秋、ある新聞にめずらしい記事があった。日本が占領している南太平洋の島に不時着した一人のアメリカ兵士が安全ピンと安全カミソリの錆びた刃を使ってラジオを聞いていたという。鉱石ラジオの鉱石検波器ができていたわけだ」と書かれており、氏はそれと同じラジオを作ろうとして、何度も失敗を繰り替えした。

一九四四年（昭和十九年）秋からアメリカ軍の空襲が始まった。翌年の春以降、東京は焼け野原と化した。中学三年生だった氏は勤労動員で「建物疎開＝家々が接近している路地の両脇の家を破壊する」作業をさせられた。その頃、アメリカ軍機からビラが撒かれるようになった。ビラにはトルーマン大統領の顔写真入りで何かの声明が書かれ、ビラの裏に「Voice of America（アメリカの声）」という日本向け放送の周波数が幾つか出ていた。

この放送を聞きたくなり、箱の中から真空管などラジオ部品をもとに工具を使って短波ラジオの製作に取り組み、七月には放送を聞くことに成功した。当時は短波ラジオを持っているとスパイ容疑で憲兵に捕まるという噂があり、隠れて聞いていても電波が発信してしまうので、憲兵に分かってしまうのだということで、とても怖かった。しかし、電波科学雑誌にカソード再生式という電波ラジオの配線図があり、それなら電波の発生もなく憲兵には見つからないと勝手に思い込んで、それを作ってしまった。

B5判のビラには「ポツダム宣言」のことや「アメリカの声」の放送周波数などが書かれていた。初めのうちはビラには毒や細菌が付いているから拾ってはならないという声もあったが、じっさいに空から舞い降りてくるビラを眺めていると、そんな気配は感じられず、氏はしばしば拾っては、たたんでポケットに入れて持ち帰った。そしてその周波数に合わせて短波放送を聞いていた。「アメリカの声」は八月ごろになると極めて活発になった。氏の印象で強く残っている内容は、ネバダで世界最初の原子爆弾の実験が行われたが、威力は凄まじいものだったということ、日本では明治初期の福沢諭吉という立派な民主主義のリーダーがいて大活躍したといった放送だった。

戦後になり、氏の関心は衣食住に集中した。日常生活のさまざまな問題で頭が一杯になり、物作りは一時中断した。だが、欠乏状態の中でちょっとした物作りが復活した。それは「電気パン焼き器」と呼ばれたもの。四角の木箱の内側に二枚のブリキ板を対面するように貼り付け、その中に水でこねた小麦粉に砂糖や塩を加えたものを入れておき、二枚のブリキ板に電灯線をつなぐ。数分すると湯気が立ち上り、一五分ほどでパンができる。焼けるというより蒸しパンのようにできあがる。ブリキ板は缶詰の空き缶から取り、木の箱は当時でもたやすく手に入ったから、この電気パン焼き器は人に頼まれてずいぶん沢山作ったという。

戦時中に十五歳の少年が短波ラジオを作成し「アメリカの声」を聞いて、「ポツダム宣言」や福沢諭吉や原子爆弾実験の重要情報に接していたことが分かる。当時はビラに「細菌や毒が付いている」と言われていたのに、自分の目で確かめて、噂を信じなかった。そして、戦後の食糧難の時期に「電気パン焼き器」を作った。

政府の発表報道は嘘が多い。特に戦時では九割が嘘であった。現在でも、南スーダンやイクラの自衛隊日報が「故意」に隠されていた。政府が「平和」と言えば「戦闘」を、「自由」と言えば「束縛」を考えればいい。庶民はいつも政府に欺かれているから、事実を知ろうとしたら、国家権力や世間の噂に屈しない精神を持ち、自分の力で情報を選びとるしかない。短波ラジオや電気パン焼き器を作った十五歳の科学少年の心根を思い出して欲しい。

11. 従軍看護婦
――関東軍の看護師が、戦後八路軍（中国共産党）に同行した

北村小夜さんをインタビューした記事がある（『不登校50年証言プロジェクト2017.7.7』山下耕平著）。北村さんは治安維持法が出された一九二五年生まれ、一九五〇年から三十数年間、主に小中学校の特殊学級の教員であり、「障害児を普通学級へ連絡会」の世話人をされた。

小学生（国民学校）の頃「軍国少女」であり、「満洲の兵隊さんにお手紙を書きましょう」と指示され、「極寒のみぎり、さぞ匪賊討伐も困難と思います」などという作文を書いていた。教室の黒板の上には侵略した国々の地図や年表と歴代天皇の名が掲げられていた。

担任が「間もなく卒業だけど、聞いておくことはないですか?」と言ったので、「修身に書かれている内容は立派すぎて、ほんとうのことですか?」と聞いてみた。すると「ほんとうに決まって

ます。六年間一生懸命勉強してきたのにそんなことを考えながら勉強してたの？　がっかりした」と言われた。だが、隣のクラス担任が「みんなが親孝行で、みんなが忠義だったら、修身の本はいらないね。修身を教えるのは親孝行してもらいたいから、忠臣になってもらいたいからだよ」とこっそり教えてくれた。

女学校を卒業した後、従軍看護婦として、関東軍の鉄嶺陸軍病院に勤務し、そこで敗戦を迎えた。ソビエト軍が侵入し、その中には自動小銃をひきずって歩く少年兵もいた。その後に蒋介石率いる国民政府軍が来たが、兵士が住民からほしいままに掠奪をしていた。だが八路軍（中国共産党軍の一軍）に接した時、関東軍・ソビエト軍・国民政府軍とは違い、礼儀正しいのにびっくりした。毛沢東が「民衆の物は針一本、糸一筋も盗むな」と指示したからであろう。そこで成り行きに任せて、八路軍に随行することになった。その時、小学生の時に書いた「匪賊（赤匪）」と一緒に行動する自分に気づき、愕然とした。

一九四六年、ハルピンからの引き揚げに交じり帰国し、郷里から東京にやってきた。絵を描くのが好きだったので、芸大を受けようと思ったが女性はダメだと言われ、日大の芸術科に入り、後にエロ本の挿絵を描く商売をした。闇市のミルクホールで販売交渉している時、売人がピンはねしているのを告発したら、解雇された。

臨時教員免許を持って都教委に赴くと、「川向こうならあるよ」という。隅田川の辺に水上小学校があり、校長から「明日から来て下さい」といわれた。当時は船をねぐらにする水上生活者がいて、子どもたちは学校の寄宿舎に泊まり、土曜に親が迎えにくる。校舎にはガラスが無く、地下には水が溜まり、焼死体も転がっていた。

学習指導要領は「試案」と書かれているから強制力はなく、学校では教員と生徒が相談しながら自由に行動した。普通の銭湯は営業していないのに、近所に都営浴場があり、時々開いていた。「先生、ほら煙が出てるよ」と生徒が言うので、「それじゃ行こうか」と、三十人ぐらいで行った。道すがら親に「どこに行くの」と聞かれて、「風呂だよ」と言ったら、大急ぎで手拭いを集めてきて「これ持ってきな」と言ってくれ、帰ってきたら校長に「ああ、いいことなさいましたね」と言われた。風呂代は払った覚えはないという。

修身（今の道徳教育）の話が面白い。教室で建前を話す教員より、本音を話す一人の大人の方が子どもと親密になれる。「軍国少女」が「匪賊」に随行したように、戦中と戦後では意味が逆転する。政府の言葉は反対語を意味する。「平和」とは戦争、「自衛」とは侵略、「自由」とは隷属という意味に取ればいい。

なかなか風呂に入れない時に、みんなで銭湯にいった。子どもたちと生活を伴にする心があり、親や校長もそれを支持していた。教室の中で規律を守り、教科書を教え、進学競争に邁進するのが教育だと思い込んでいる今の風潮と対照的だ。当時は貧しかったが、子どもと教師と親の自由があった。

一九五八年に学校保健法・就学時検診・道徳教育・君が代が登場した時、戦時の体験から「子どもの見分け方を強制している?」と察知した。今、戦中体制に戻そうとする動きがあるから、北村さんの精神と行動力から学ばなくてはならないと思う。逆コースへの暴走と分断社会を止めるのは、敗戦直後にあった庶民の自由な活動ではなかろうか。

12. 日本軍兵士
――一九三七年〜四五年に死亡した二三〇万人の日本軍兵士の状況

一九三七年から一九四五年の敗戦まで、亡くなった日本軍兵士は概ね二三〇万人いた。彼らがどのような状況におかれていたかを記した本が出た（吉田裕『日本軍兵士――アジア・太平洋戦争の現実』、中公新書、二〇一七）。

連隊長は「兵を戦場に慣れしむるには殺人が早い方法、度胸試しである。これには捕虜を使用すればよい。銃殺より刺殺の方が効果的である」と訓示した。こう告げられた初年兵の中にまだ実行していないのに貧血を起こして倒れ、食べた物をあたりに吐きちらしている者がいた。かろうじて実行した者も、いままでの陽気な影がふっ飛び、顔中の筋肉を固くこわばらせ、声を失っていた。」とある（藤田茂「史料 第59師団長・陸軍中将」、「世界」（特集 侵略の証言）、一九九八年五月号）。

「灼熱赤土の道を行軍する兵士の中から、日射病・熱射病が現れてきた。小銃は肩に喰いこみ、帯革（バンド）は腹部に擦傷を作る。体重・荷重は両足に負担を掛け、日に二〇キロ近くを行軍するため、靴傷（靴ずれ）が出来る。まず水泡状の豆が出来る。それが潰れると皮はずるむけになり、不潔な靴下のために潰瘍となり、さらに進むと完全に歩行は出来ない。

小休止中、ドカーンと爆発音が聞こえる。『敵襲』と兵士達は銃を手にして立ち上がる。中隊長が爆音のした方へ駆け寄る。ああ。若い兵士が苦しみに耐えかね、自ら手榴弾を発火させ、胸に抱いて自殺したのである。肉体は焼けただれ、上半身は吹き飛び、見るも無残な最期である。この宣昌作戦間にこの連隊において、三十八名の自殺者をだした」（一九四〇年五月第三四師団歩兵二一六連隊戦記）と記されている。

「通信、言動を通じて考察するに、軍隊生活を厭忌し、あるいは慕郷の念に駆られて逃亡離散し、あるいは出征当時の堅き決意を忘却し、凱旋希望、戦争倦怠、進級給与に対する不満、上官誹謗等の要注意言動、通信をなす者等を散見す」とあり、「戦地に三年三ヵ月も居れば、故郷に帰りたい気持ちばかりです。東洋平和のためとか国のためとか、上辺だけ皆一流のことは言っているが、本心は皆故国の事を考えて帰りたがっている」と、兵士の手紙が残されていた（「支那派遣軍総司令部報告書」一九四一年八月二十日）。

「当時の陣地では誰彼なしに、精神心理的に異常に興奮した状態にあり、突然に発狂し、被害強迫妄想、幻視、幻聴、錯視、錯聴、注意鈍麻、錯乱、支離滅裂、先鋭な恐怖、極度の不安、空想、憂鬱、多弁、多食、自傷、大声で歌い回るもの、踊り回るもの、何もかも拒絶する感情、意志の障害が現れた。すなわち急性痴呆症の姿であった」（「軍医戦記　生と死のニューギニア戦」）とある。

一人の零戦のパイロットはガダルカナル島の戦闘（一九四二年八月）で被弾し、帰国した時、軍医に注射を打たれた。戦後にその軍医官に会った時、「私の打った注射は栄養剤の葡萄糖だが、もう一種類入れていた。あなた方は葡萄糖で元気をつけ、ヒロポンで興奮して、また飛び立って行った」と真実を告げられた（「零戦の真実」）という。

「ソロモン諸島・ニューギニア方面の第一線では、食糧の現地自活はそれどころではない。栄養不振のため銃の重さにも堪えぬ体力となり、激戦地の消耗の主因は餓死なりき（一九四三年八月二十三日、陸軍省医務局会議）」と報告されていた。

戦死と戦病死を比較してみる。戦病死は日露戦争では二六・三％、日中戦争では五〇・四％、太平洋戦争では七三・五％である。「病没者の内純然たる悪疫による者はその半数以下で、その他の主体は悪疫を伴う餓死であった（「大東亜戦争陸軍衛生史　比島作戦」）と記録されている。

戦争をすると自殺者がでる。「銃殺より刺殺」の訓練を受け、肉体より精神的な苦痛の方が大きいから、戦争倦怠や精神疾患の症状をもたらし、軍の上層部は覚醒剤を用いて兵士を戦場に送り、兵士たちの七割以上が餓死したことが分かる。

「戦局ますます不利となり、食糧がいよいよ窮乏を告げるに及んで、戦意を喪失して厭戦的となり、守地を離脱、友軍他部隊の食糧の窃盗、横領、強奪を敢えてし、ついには殺人強盗、甚だしきは屍肉まで食らうにいたった」(『比島派遣一軍医の奮戦記、ルソン島』一九四四年」)とあるように、一部では屍肉食いまでに至った。このことを、戦争を知らない世代に是非とも知らせておきたい。

13. 米軍宣伝ビラ

——一九四四年四月十八日に投下された米軍宣伝ビラの内容。拾った少年が保管

筆者の旧友の鈴木宏さんが家の中を整理したら、古い日記や米軍の宣伝ビラが出てきた。彼は一九三二年生まれの東京育ちだから、日記を読むと戦争末期の巷の雰囲気が伝わってくる。旧仮名遣いで書かれているが、読み難いので、ここでは現代仮名遣いで紹介する。

「昭和十九年（一九四四年）四月十八日（土曜日）。ぶらりと校門の前に出て来た。みんながわいわい騒いでいる。乙骨君が「敵機があんなにゆうゆうと飛ぶかい」などと言っている。見ると水色の円に赤い星、たしかに敵アメリカ機だ。と思う間にぱんぱんぱんという音が聞こえ、空に黄い煙がみえた。

僕たちは四年生の部屋にひなんした。何だか敵の空襲なんて信じられなかった。四月十九日（日

曜日）午前十時ごろお父さんと事務所の小父さんと僕とで爆弾の落ちた所を見にいった。荒川土手をずっと歩いて小台橋の方であった。せっかく行ったとおもったら、けい防だんの人がなわをはってみられなかった」とある。

その翌年から、米軍の宣伝ビラが撒かれ、以下のような内容が書かれていた。

「日本は国難に直面している。即ち、軍閥が国家の腐敗部分である。軍閥が自己の力について、諸君を欺いているという事は最近の日本空襲が証明している。軍閥を取替え、以て自己を保て、国家を救え」、「日本国民は次の自由を享有すべきである。欲望の自由、恐怖からの自由、言語の自由、抑圧からの自由（イラスト入り）。自由を得る道は唯一つ、この戦争を惹起した軍閥を除去し、自由国民の仲間入りしたまえ」と説得している。

「日本は自由の何たるかを理解した人々によって、強大を致したのである。『国家の独立はその国民の独立より』と喝破した福沢諭吉氏、多年議会政治の闘士として命名を馳せた尾崎行雄氏、刺客に襲われた時「板垣死すとも、自由は死なず」と絶叫した板垣退助氏、この人たちによって、自由の国家の実がその強大を致し得るという事実がよく理解されていた」と、文はぎこちないが、近代日本をやや褒めている。

米軍は以下のようなニュースも撒いていた。「マリヤナ報時」という新聞には「昭和二十年六月十四日発。米軍は本日沖縄島南部日本軍の組織的抵抗を撃砕し、日本軍防衛地を分裂し、数カ所の残存要塞を孤立せしめた」、「昭和二十年六月十五日発、英領ボルネオに濠州軍上陸。ブルネイ飛行場占領」と書かれ、「牛乳に人の情知る子ども、米軍写真班が首里区域で沖縄の少年に一瓶の牛乳を馳走」という写真入りの記事も掲載されている。

「落下傘ニュース」なる新聞もあり「昭和二十年六月二十三日発、米爆撃機は連続六日目の日本本土爆撃を敢行、日本戦時産業に一層の破壊を加えた。ビー二十九機隊は日本の主要工業地帯、六〇平方キロ余りを焼き払っている」、「昭和二十年六月十二日発、日本本土空襲を続行、硫黄基地の陸軍ビー五一戦闘爆撃機は東京方面に連続二日の攻撃を加えた。目標は東京西北の所沢飛行場と西南の厚木飛行場であった。空中で日本機一機と遭遇し、これを撃墜、二七二〇キロの往復飛行から全機無事帰還した」とある。「腹一杯に　比島某収容所」の見出しで、日本兵捕虜がスプーンで食事をしている写真入りの記事も載っている。

前述の鈴木浩さんは、敗戦の前年、空襲の時に木造校舎の教室に避難し、翌日投下された爆弾を見にいった。庶民は意外にのんびりして、危機感も警戒心も無かったことが分かる。政府は「国体の護持や本土決戦」を唱え、庶民にとって大切な事は何も報道しなかったからであろう。

米軍のビラとニュースでは「自由な国民となれ」とお説教し、空襲は軍事産業のみを爆撃したと書かれ、「沖縄の少年に牛乳を馳走」や「捕虜に食事を与えた」記事で、あたかも米軍を「救世主」のように宣伝していた。

沖縄戦で火炎放射器で壕《ガマ》に隠れた住民を焼き殺し、東京大空襲で一〇万人を殺したことは書かれていない。日米両国とも「国を守れ」と叫び、個人の暮らしを守れとは決して言わない。平時でもそうだが、戦争となれば国家を信じると、庶民は酷い目にあう。

だが今、官僚が文書の改竄《かいざん》、隠蔽、黒塗りをしているのに、一市民が戦争に関する資料を七十年余も保管したことも忘れてはならないと思う。

14. 菊水隊
——中国東北地方桂木斯《チャムス》、補助看護婦（十六〜十八歳）の戦後の記録

一九四五年（昭和二十年）七月一日、「看護婦が足りないから、子どもでもいいから」と招集され、一五〇人の少女たちが病院に集められた。補助看護婦を「挺身隊」として、桂木斯《チャムス》（中国東北地方、黒竜江省東部、松花江下流の工業都市）近郊から動員された。桂木斯市内の高等女学校を卒業したばかりの少女（十六〜十八歳）たちだ。少女たちは「菊水隊」と名付けられた。

当時三十歳の林正カツエは女学校を卒業後、日赤広島支局看護婦養成所を首席で卒業し、東京日赤本社で婦長としての教育を受けた。桂木斯では一五〇人の少女たちを訓練し、統率するプレッシャーは大変なものだった。「女学校を卒業したばかりのお嬢さんを日赤看護婦と同じように訓練してくれと部隊長から言われ、厳しく訓練しました」と述べている。

一九四五年（昭和二十年）八月八日。桂木肢第一陸軍病院の敷地の一角では、衛生兵と看護婦たちが、朝から土方作業に追われていた。部隊長が、手術室と病室の外側に防壁を築き、防空壕を掘ることを命じたからだ。深夜零時過ぎ、遠くから飛行機の音が聞こえる。「あら、こんな時間に、日本軍の演習かしら」。その瞬間、爆発音が病院を揺るがした。寝ていた隊員たちは一斉に悲鳴をあげて飛び起きた。やがて空襲警報が辺りに響く。

一人の兵士が「先ほどの飛行機は米軍機ではないらしい」と告げる。師団司令部の前には、命令を待つために各部隊からの下士官がひしめいていた。司令部の第一声は「日ソ交戦状態に入れり」。下士官たちは緊張で顔をこわばらせた。続いて各部隊へ出された指令は全て後退命令である。「速やかに病院を閉鎖し、後方に集結せよ」。

隊員たちの多くは家族と桂木肢市内に暮らしている。部隊長は撤退する前に一時帰宅するように命じた。「今日は家族と面会し、家族と避難してもよいが、開戦に当たり、部隊としては傷病兵の看護に全力をつくさねばならない。軍が招集したのだから、出来るなら病院に戻って来てほしい」と訓示し、集合時間は午後六時とされ、菊水隊は解散した。

やがて司令部から命令が伝えられた。「約六〇〇人いる入院患者のうち、一五〇人は牡丹江《ぼたんこう》第一陸軍病院に、一部は哈爾濱《ハルビン》に後退する。原隊復帰が可能な者は、即時退院させる」。患者輸送のトラックがひっきりなしに往来した。復帰する原隊がすでに出発してしまい、行き場を失い病院に戻って来る患者もいて、看護婦たちは対応に追われた。機体に赤い星が描かれた爆撃機が飛来して、軍の施設を爆撃していく。病院のガラスが一斉にビリビリと響いた。

病院には重症患者が残された。十八歳の看護婦平田ともえは先輩看護婦に尋ねると「処置が命ぜられている」という答えが返ってきた。衛生兵が注射器を持ってきて、患者に注射して回る。青酸カリだった。若い航空隊員の口から「お母さん…」という声が漏れた。

平田には看護婦になる前に出征し、戦死した三番目の兄がいた。人柄がよく一番仲のいい兄だった。大勢の人に万歳で見送られた兄は本当に『戦死』だったのか、目の前で注射されている兵士の姿に、兄の面影が重なった。

市内銀行・商店シャッターが下ろされ、足早に往来する人々の表情は緊張におののいていた。菊水隊の一人の少女は自宅に戻ったが誰もおらず、家族を待っていたが、夜になった。その後、家族と出会えないまま敗戦を迎え、市内の日本人収容所に身を寄せたが、ある日中国共産党の八路軍の兵士が現れ、他の六人の女性たちとともに八路軍の病院に行くことを命じられた。その後、八年間、部隊とともに国共内戦下の中国を転々とし、日本に帰国できたのは一九五三年だった（菊水隊同窓会誌戦後五〇周年手記。『女たちのシベリア抑留』小柳ちひろ著、文藝春秋社）。

一九四四年に女子挺身隊令が出され、十二歳から四十歳までの独身女性が招集された。挺身とは、

「自分の身を投げ出して国家に奉仕する」意味で、「農業報国挺身隊」とか「漁業報国挺身隊」等があり、医師や看護婦は「仁術報国挺身隊」と称した。

国の命令に従わざるを得なかった外地の少女たちは、戦争直後に、運命に翻弄されつつ生きるほかに道がなかった。「憲法改正」を企む現政権がある限り、日本国憲法第二十五条の「生存権」(「すべての国民は、健康で文化的な最低限度の生活を営む権利を有する。」)の意義を深く嚙み締めておかねばならない。

15. 韓国の詩人ユン・ドンジュ（尹東柱）

――治安維持法違反で逮捕され、一九四五年に獄死した韓国の詩人ユン・ドンジュ

「いのち尽きる日まで天を仰ぎ　一点の恥じることなきを　木の葉をふるわす風にも　わたしは心をいためた　星をうたう心で　すべての死にゆくものを　愛おしまねば　そしてわたしに与えられた道を　歩みゆかねば　今夜も星が風に身をさらす」

「失くしてしまいました　何をどこで失くしたのかわからないまま　石と石と石が　次から次へと果てしなくつづき　道は石垣を縫い込んで延びていきます　わたしが生きているのはただ　なくしたものを探しだすためなのです」

――（『尹東柱全詩集　空と風と星と詩』伊吹郷訳、影書房、一九八四。『尹東柱全詩集　空と風と星と詩』金時鐘編訳、岩波文庫、二〇一二）。

この詩を書いたユン・ドンジュの詩碑が今も同志社大学のキャンパスに残されている。彼は一九四三年七月十四日に下鴨警察署の特高刑事に治安維持法違反で逮捕され、一九四五年に獄死した。何故、詩人が治安維持法違反なのか？　逮捕の理由として「思想不穏、微弱だが西欧思想に感染（『日本大百科全書』解説）」とあり懲役二年に処せられ、福岡刑務所に服務していた。

一九一〇年の「韓国併合」条約が時代の背景にある。条文に「韓国皇帝陛下は韓国全部に関する一切の統治権を完全且つ永久に日本国皇帝陛下に譲渡する」と書かれ、首都ソウルを「京城」と改めた。この年日本では大逆事件が起こり、石川啄木は「地図の上朝鮮国に墨をぬりつつ秋風を聴く」と歌っている。日本国は民族運動「義兵闘争」を弾圧し、言論を抑圧、朝鮮語授業を禁止した。朝鮮農民は土地を奪われ、日本人営農者が四〇％に達していた。

彼は一九一七年中国東北地方、吉林省の延辺朝鮮族自治州で移民四世として生まれた。

一九三二年、一家は韓国に移住し、キリスト教系中学に入学した。一九三六年、この学校は神社参拝問題で朝鮮総督府により廃校とされた。

一九三八年にソウルの延世大に入り、在学中に友人から禁止されていた朝鮮語を習った。この年、日本では国家総動員法が出された。

一九四〇年に朝鮮総督府の政令「創氏改名」により、彼は「平沼」を創氏し、名は「東柱」を残した。この政令の意図は朝鮮の家族集団を解体し、日本の家制度を導入して、天皇制国家体制に組み入れ、日本国への忠誠心により戦争を遂行することにあったと言われている。

十代から作詩を始め、作品は新聞や雑誌に掲載され、ハングルで書かれた自選詩集を出版しようとしたが、時局がら困難と判断し、母親が原稿を床下に隠しておいた。

一九四一年に渡日し、立教大学に入学したが、授業中に官憲が教室に入り込み「軍事教練に参加しなかった」との理由でユンを殴り、髪の毛を切る。抗議する教授に罵倒をあびせた（映画「空と風と星の詩人」二〇一五年、韓国、イ・ジュニク監督。『YA映画館』名取弘文著、子どもの未来社刊参照）。東京は危険と思い、京都の同志社大学へ転校するが、そこで逮捕され短い生涯を終えた。

戦後に中国では、「中国愛国詩人」として、龍井市の生家を復元したが、韓国では、ソウル詩人協会が「中国当局が国籍を歪曲した」と抗議し、「韓国国民的詩人」の称号を与えた。一九七〇年代の民主化運動の時には、「若者たちの精神的支柱」と称えられた。

だが、この動きには馴染めない。ユン・ドンジュは中国に生まれ、韓国で育ち、日本に留学した叙情詩人である。国家が称える政治や人種や思想や道徳とは無縁の人である。国境や国籍や国民の意識より、人間としての生を全うしたかったに違いない。

国家とは何か？「一定の領土とその住民を治める排他的な権力組織と統治権をもつ政治社会」と広辞苑に定義している。国の権力者は統治のために、突出した人を崇め、猜疑心旺盛な官憲は自らの思い込みによって人を殺した。この歴史的記憶を大切にした方がいい。

日本政府は特定秘密保護法や安保関連法を施行したが、再び官憲の猜疑心を喚起し、人殺しを容認するかのようである。海外で事件や事故が起こると、マスコミは「日本人は無事」などと報道するが、「日本人」が重要なのではなく、ユン・ドンジュの詩にあるように「すべての死にゆくものを　愛おしまねば」ならないのだ。その広い心を失いつつあるのが悲しい。国が大切なのではなく、人が大切であることを詩人から学ばねばならない。

16. 学徒動員

――「ペンを捨て、銃とハンマー」を命令され、広島で爆死した中学一年生

「どうして戦争なんか起こるのでしょうか。止めてほしいなあ。日本に無いものはアメリカから送り、フィリピンに無いものは日本から送り、世界中が仲良くゆかんものかしら。僕は不思議でたまらない。どうして日本人は、天皇陛下の御為に死なねばならないのですか。僕は天皇陛下の御為に死にとうないよ。いつまでも、いつまでも生きていて、お父さんお母さんに親孝行したいと思うけど、そう思う心は非国民でしょうか」

一九四五年八月五日の夜、広島で動員学徒である中学一年生の息子さんが母の藤野としえさんに語りかけた言葉である（宮原周治編「あしあと」「財団法人学徒援護会二十五年史」一九六〇年十一月刊）。

その翌日、息子さんは被爆し、帰らぬ人となった。

一九三八年四月に政府は「国家総動員法」を公布、集団的勤労作業実施を司令し、これを受けて、文部省は「学校報国隊」を組織し、一九四三年六月に「学徒戦時動員体制確立要綱」を閣議決定した。一九四四年五月には、通年動員体制を布き、「国民学校初等科以外は授業を停止し、本土決戦に備えよ」と教育令を発した。「学徒」とは（旧制）中学校以上の学生を指し、「ペンを捨て、銃とハンマーを!!」と呼びかけ、軍需工場や食糧増産のために農村へ、都市では建物疎開（空襲に備えて建物を壊す）や国防土建を命じた。動員学徒と同時期に、「工場疎開」があり、広島では学校に繊維工場が、埼玉県では女学校に軍の被服廠が移転し、同校の学徒を労働者として使い出した（『昭和六年生まれ』河出書房新社、一九七九）。

「一九四五年、中学三年生の時に軍需工場に動員された。軍が派遣した軍需管理官がいて、学徒に対して『重大発表がある』と訓話した。『B29が飛ぶ高度一万メートルの成層圏の気温は零下四〇度、気圧も四分の一であるから、ブラックチェインバーという特殊材料を使った機密室がある。日本はその材料と同じものの完成に近づきつつある。だから決してB29には負けはしない』と。しかし誰もが半信半疑。日本の飛行機はオシャカが多く、無事に飛ぶものはないし、組み立て工場には材料もなく、工員たちに仕事が無く、軍隊には鉄砲もなく、畑仕事をばかりしていたからだ。特殊材料があっても、付ける飛行機がないから、誰も信じなかった。反対に毒ガスを作っているとの噂があった。構内の一角に塩素ガスが吹き出て、働いている人たちはガス・マスクを付けていた。

我々は腰にドライバーとペンチを吊るし、任されたのは電線繋ぎぐらいのものだった。（愛知県、前掲『昭和六年生まれ』）。

「鎮南浦に隣接した塩田作業地帯にかり出された。広染湾に面した漁村の一角に私たちの宿舎があった。朝食後に整列し、全員塩かき棒を持ち、平壌刑務所の囚人たちと一緒に、朝から日暮れまで塩田につかり、一週間後は全員が真っ黒になった。塩焼けだ。空腹と喉の渇きにさいなまれ、米も副食もなく、毎日の食べ物は塩味ばかり。初めて親と離れ、肉体労働に明け暮れ、ロクな食い物もなしに過ごすのは楽ではなかった。中学一年十三歳の夏は、塩からい思い出に充ち充ちている（平壌市、前掲『昭和六年生まれ』）。

動員学徒は大学・高専一八万人、中等学校一六三万人、国民学校高等科一六〇万人、合計三四一万人であった。記録によれば、明治大学法科の学生は「日本窒素」に派遣され、過労のために肋膜炎に罹り、十九歳で死亡した。沖縄県立第二高等女学校の学生は「看護隊」として「従軍」し、塹壕《ざんごう》の中で米軍の火炎放射を浴びて、一人の奇跡的生還を除いて、全員が死亡した。広島市進徳女学校の学生は広島市中央郵便局の電話交換手として勤務中に被爆し、重度の障害を負った。東京都豊島区第一高等小学校の生徒は陸軍造兵廠に派遣され、作業中に胸部を打撲し、それが元で結核を患い、戦後に死亡した。豊橋市松操高等女学校の女性教員は学徒動員の業務を担当し、上記のような詳細の記録を残していた（「反天皇制市民１７００」45号、二〇一八年一一月二九日、松岡勲）。

軍事政権下の文部省は「学校報国隊」を組織し、全国の学徒を扇動し、学校を工場と化し、その挙句の果てに、多くの学徒を過労や被爆や労災で死傷させた。

現政権も自衛官募集を自治体に強制し、自治体の長が任命する教育委員会がこれに応えたら、戦時中の政府と同じ事態に陥る。国の権力者は学生や生徒を軍人や兵隊の予備軍と思い込む習性があるからだ。国が学校の建物と人を吸血鬼のように利用した史実をしっかり記憶しておかねばならない。

17. 連句

——一九三〇年代前半生まれの「少国民」が連句で描いた戦時の日常生活

連句とは俳諧の連歌の別称、例えば映画のモンタージュ撮影のように、目撃者の記憶をもとにして、似顔絵写真を合成してつくりあげる、謂わば、一つの句の気分や場面に関連して別の句を付け、別の世界を作る。

筆者の高校時代（一九五〇〜一九五三年朝鮮戦争）に「いぬふぐり」という反戦グループがあった。その仲間たちが一九九九年に「アジア太平洋戦争とは私にとって何であったか」という冊子を作った。その中から連句に参加した真野道代さん（一九三五年生まれ）の句を紹介する。真野さんの文で、当時の状況が分かりにくい場合、私が※を付けて解説する。

「十二月八日新聞両手もてひらく、詔勅を聴く凍てつる校庭」。

一九四一年冬、日本が戦争を始めた。ピリピリする冷たい空気が頬をかすり、国民学校の校長先生、担任の先生、他のどの先生もひきつった怖い顔をしていた。壇上の校長先生が一語一語しぼり出すような声で「本日午前七時ラジオ放送にて、大東亜戦争突入のニュースがありました」と告げた。この異常な雰囲気に「少国民」は飲み込まれていった。

「大東亜大義に軍馬いななきて、轍の跡に砂煙舞う」

※戦争の初期には、軍馬が登場した。都会には荷馬車、田舎には牛車ものろのろ動いていたから、当然のように感じていた。軍隊では兵卒より軍馬の方が「大切」だと言われていた。

「何となく今夜の月の赤いこと　慰問袋に採りたての栗」

※「少国民」と言われた我々は「兵隊さん」への慰問袋をつくった。中身は手紙やお守り、食糧や日用品であった。袋の表には「しなひ憂後銃」などと書かれていた。下から上に読み、「ひ」を「い」と読まないと意味が通じない。

「熱帯雨林マラリアに泣く　寅の母千人針に寝もやらず」

※インパール作戦があった。一九四四年三月から七月初旬まで、ジャングル地帯で苦戦を強いられた。牛、山羊、水牛に荷物を載せた部隊の半数は川に流され、兵士は飢えに苦しみ、衰弱してマ

ラリヤや赤痢に罹り次々に脱落、投入兵八万六千人中、帰還兵は一万二千人、退却路にウジの湧いた腐乱死体が、風雨に洗われ白骨になり、「白骨街道」と呼ばれた。

母は一九〇二年生まれの寅年だった。出征兵士の家から次々と頼まれ、自分の六人の子どもの世話だけでも大変なのに、徹夜で黙々と刺し続けた。眠い眼をしょぼしょぼさせながら、四〇回以上、同じことを繰り返していた。

※千人針とは、千人の女性が赤い糸で一人一針を縫い、結び目で刺繍された布切れ。ただし、寅年生まれの女性は自分の年齢分だけ結び目を作ることが出来る。「虎は千里を行き、千里を帰る」という言い伝えにあやかり、兵士の生還を祈るものであった。日本の戦争には伝説や神頼みの所作が必要とされたことが分かる。

「迷彩の工場の屋根に鳥巣立ち　検閲厳し軍事郵便」

※空襲が激しくなると、建物を不規則に塗って、敵の眼を欺瞞する手段を用いた。軍事郵便とは戦地から家族に送られたハガキや手紙だが、検閲のために地名や日時が黒塗りされて、何を書いているのか分からなかった。

「寝言まで、欲しがりません勝までは」「頬に凍て雨学徒出陣」

戦況は悪化し、食糧や燃料や衣類等の日用品が姿を消した。戦争に「勝つ」までは何も欲しがってはいけないという。集団疎開生活では私と弟は運動靴がなく、雪の日も雨の日も、山道をリヤカーで薪《まき》を載せて歩くときも藁草履《わらぞうり》だった。

※一九四三年、兵力不足のため、高等教育機関に在籍する二十歳以上の文科系学生を出征させた。台湾人、朝鮮人、「満州国」学生も対象とされ、戦後、金銭問題で不利な立場に置かれた。

その後に、「雪崩のごと　アッツ・サイパン玉砕す　一夜の契り明日は雲間に」、「満月に父母を重ねる疎開先　雑炊の具はイナゴ芋づる」、「B29爆音火柱名古屋燃え　生きるすべなしひめゆり部隊」、「蝉殻の石に爪立つ原爆忌　玉音放送涙静寂」、「モクおくれ靴みがいてよ孤児の群れ　余寒厳しき岸壁の母」、「しがみつく買い出し列車里は花　リンゴの唄に春は再び」と続くのだが、字数の関係で解説は省略する。

18. ぬちどう　たから（命こそ　たから）

——沖縄戦で敗れ、軍を脱走した将兵が当地の小母さんに助けられた話

代田昇さんは一九二四年、長野県下伊那郡で農家の次男として生まれた。九人家族が満蒙開拓団として「満州」に渡り、妹さんが敗戦直後に栄養失調で亡くなり、生き残った者はシベリアに抑留された長男と次男の昇さん二人だけで、他の七人全員が戦争犠牲となった。

昇さんは軍国少年で、十四歳の時に茨城県の義勇隊に入り、その後、陸軍予科士官学校を経て、「満州」で転戦したが、一九四四年に沖縄県慶良間《けらま》諸島に派遣され、「マルレ」特攻自爆艇（自爆するためにベニヤ板で作られた粗末な人間魚雷）の隊員になった。

一九四五年三月六日、米軍の猛攻撃を受け、マルレ基地は台風被害と併せて壊滅状態となり、隊員たちは山の中に逃げ込んだ。本土からの食糧も途絶え、空腹の中で上官との折合いが悪くなり、「銃殺処分」を宣告された。

「殺されるぐらいなら」と仲間と一緒に計画し、浜辺で見つけた二人乗りの丸木船に四人で乗り込み、約六〇キロ離れた久米島を目指し脱走した。海には米海軍の監視船が見張り、空には飛行機が海上を見下ろす中、幾日も漂流したが、奇跡的に久米島阿嘉部落浜に流れ着いた。ところが既に久米島は米軍占領下にあり、「日本兵狩り」が始まっていた。

丸木船を見つけたのは役場の見回り当番であった。彼らは敢えて役場に届けず、自分の部落のおばあたちに相談した。浜辺には百名近い人々が集まり、おばあたちは四人に寄り「おお、かわいそうに、かわいそうに」といって、泣きながらほほに手を当て、「しっかりしなよ」と昇さんたちの手を両手で握ってくれた。

おばあたちは、やせ細った青年兵を見て、戦地に赴いた息子を思ったに違いない。四人に村人の服を着せ、四軒の家に一人ずつ匿うことにした。住民が脱走兵を匿えば「厳重に処分する」という布告が出ていたが、阿嘉部落の人たちは絶対に他の部落にはしゃべらないと決め、命がけで守ってくれた。

ある日、米軍の早朝部落捜索を受け、昇さんたちは慌てて山の中に隠れた。「戦線離脱」という罪の意識から、「自決を考える」昇さんたちの様子を見たおばあが「ぬちどう　たから」（命こそ、宝だぞ）と叫んだのだ。昇さんは「特攻兵は命を惜しまない、と思い込もうとしていたぼくらに、おばあは、泣いて〝ぬちどう　たから〟と言った。頭をガンとなぐられた気がした。軍国教育から目が覚めた、ぼくも涙が止まらなかった」と言う。

いったん部落に来たものは「わったあの者（私たちの者）」という、日本の本土に見られない開放的な、しかも金銭的に駆け引きのない人たちを、ぼくらは初めて見た。軍隊のもったいぶった階級制度の中で、お互いに人の心を探り合って生活してきたぼくらは、この原始的ともいえる部落の人たちの生活と、汚れを知らない心に接して、心底まで清められる思いがした」と後に語っている。

この暮らしは九ヵ月続き、一九四六年に、昇さんたちは米軍に連行された。もう二度と会えないと思った別れの日、部落の人たち全員が泣いて手を振り、四人を見送ってくれた。一九七二年、沖縄が本土に復帰すると、昇さんはすぐさま沖縄に飛び、阿嘉部落の人に「命を守ったよ！」と報告しに行った。部落の人は「しらあ（代田）、よく帰って来た」と迎えてくれた。

驚いたことに、部落に流れ着いた四人の兵士の話が、昔話のように島の子どもたちに語り継がれていたことだ。昇さんは生涯を子どもの読書運動と平和を守る活動にかけたが、その原点は沖縄にあるという。（上記の話は昇さんの令嬢、代田知子さんの手記、「父、代田昇のこと（1）「戦争」を胸に読書運動へ」（「子どもと昔話」二〇一九年春号、小澤昔話研究所刊に拠る）。

この話を聞いて思うことがある。国家や彼我の軍隊に虐げられてきた沖縄の人々は、戦時中でも「命こそ宝」の哲学を身に付けていた。原始社会には国家がなく、共同体が機能していた。国家の法や軍律より、人の命を守ることを大切にし、「犯罪者」であろうと匿った。記録を残すより子どもたちに語り継いだ。その中心は男性ではなく、女性であった。

今に生きる我々はその心を忘れている。憲法を改定し「自衛隊を明記」の悪巧みが続いている。軍隊ほど人の命を粗末にしてきたものはない。金や武力が「国家の宝」と思い込む国の権力者に抗うために「ぬちどう　たから」の心を子々孫々まで伝えていかねばならない。

19. 巣鴨プリズン
——朝鮮人の李鶴来（当時十七歳）がBC級戦犯として裁かれた理由

一九四五年、GHQ（連合軍総司令部）は東池袋の東京拘置所を戦犯刑務所（巣鴨プリズン）として、A（平和に対する罪）、B（戦争犯罪）、C（人道に対する罪）の戦犯二〇〇〇人を収監した。東条秀樹らのA級戦犯二十八人については大きく報道されたが、軍属や兵卒が多く関わったBC級戦犯については報道されなかった

捕虜監視員だった朝鮮人の李鶴来さん（当時十七歳）は、タイとミャンマー間にある泰緬鉄道の建設作業に捕虜を使役した際、虐待死させた罪を問われた。アジアには四九ヵ所にBC級の戦犯裁判所があったが、一九五一年、李さんはその一つシンガポールから巣鴨に移された。日本の地を踏むのは初めてだった。朝鮮人には面会に来る家族もいなかった。

植民地だった朝鮮人や台湾人は「日本人」とされ、心ならずも捕虜監視員に応募した。日本軍は

南方の捕虜収容所の監視員として三千人の朝鮮人や台湾人を当てた。戦後の裁判では、通訳は不十分で、なぜ裁かれたのか本人も分かっていないこともあった。

朝鮮人一四八人が有罪となり、二三人が死刑となった。上官の命令に従うしかなかった下級兵士も、敗戦後のBC級裁判では責任を問われた。五七〇〇人が起訴され、九八四人が死刑、無期・有期刑判決を受けたのは三千人に及ぶ。

巣鴨プリズンでは民主的な自治組織があり、読書や議論が活発に行われ、勉強会に出ると初めて聞く話ばかり、社会や経済の仕組み、戦争がなぜ起こるのか目が覚める思いがした。

一九五〇年、朝鮮戦争が勃発した。八月には米軍の要請で警察予備隊が創設され、公職追放された旧軍人も次々に追放を解除された。巣鴨プリズンでは戦争への嫌悪感、再軍備反対の声がわき起った。ガリ版印刷の「すがも新聞」では「第二の戦犯を生まないために、『ノーモア・スガモ』の叫びを更に高く叫ばねばならない」と書かれていた。そこには平和を考え、語る濃密な時間が流れていた。

一九五一年サンフランシスコ条約が締結されたが、条約には戦犯たちの釈放はなく、朝鮮人や台湾人戦犯は国籍を剝奪され、軍人恩給などの援護体制も「日本人ではない」として排除された。ただちに日本政府に対し裁判を起こしたが、棄却された。

五〇年代半ばから、戦犯たちは次々と釈放され、組織的活動が不可能になった。朝鮮人戦犯は金も仕事も身寄りもなく、釈放されても生きていけない。出所後二人が自殺し、出所拒否した人もいる。李さんは九十四歳の今も日本政府に謝罪と補償を求めている。「都合のいい時は日本人、都合の悪い時は朝鮮人」、どう考えてもおかしい。特別なことを求めてきたわけではない。あきらめきれないのは刑死した仲間たちの無念と戦争責任をあいまいにさせてはならないという思いである（「朝日新聞」2019,3,30.）。

李さんにとって、巣鴨プリズンは人生で最も充実していた時期で、仲間と一緒に読書し議論し、平和の尊さを感じ、戦争について反省する場所であった。

閑話休題。岸信介も巣鴨プリズンに三年半拘留されていた。彼は「満州国」の国務院高官として「満州産業開発五ヵ年計画」を手掛け、後に東条英機内閣の商工大臣と軍需省次官を兼任し、陸軍と関東軍からも嘱望された人物だった。その経歴を問われ、極東国際軍事裁判ではA級戦犯容疑者であった。だが一九五一年、サンフランシスコ条約講和後に不起訴となり「無罪放免」とされた。公職追放も解除され、政界に復帰し、日本民主党の結党に加わり、保守合同で自由民主党幹事長から内閣総理大臣になり一九六〇年の安保闘争を「乗り切った」。

李さんは無念と悔悟の末に平和主義の人生を貫いたが、岸信介は朝鮮戦争勃発後、アメリカに嘱望され、A級戦犯容疑者を不起訴にされ、公職追放を解除された。A級戦犯は軽く、B級C級戦犯は重く罰せられた。その背景には朝鮮戦争があった。アメリカが関わった戦争に「有用」と思われたからだ。首相となった安倍晋三は祖父である岸信介のアメリカへの「恩義」を忘れてはいない。

戦争は国の支配層には有利に、庶民には不利に働く。この歴史的事実を記録しておかねばならない。

20. 登戸研究所
――陸軍秘密研究所で電波兵器・風船爆弾・毒物・偽札が作られていた

「動物慰霊碑を見て、動物たちがかわいそうに思った。相手の国の人を殺すために、風船爆弾、怪力光線、枯れ葉剤などの武器実験のため、たくさんの動物が亡くなっている。日本の考えた枯れ葉剤をアメリカがベトナム戦争に使ったために、ベトちゃん、ドクちゃんのような子どもたちが生まれてきた。これ以上にベトちゃん、ドクちゃんを二度とふやしたくない。だから登戸研究所の建物を広島の原爆ドームみたいに残してほしい」と感想文を書いたのは中学一年の吉井あゆみさんだ。

動物慰霊碑には「昭和十八年三月、陸軍登戸研究所建之」と刻まれている。一九八八年、ここを訪れたのは川崎市中原区市民会館の職員と「平和教育学級」の中高生と市民であった。川崎市多摩区の生田緑地には明治大学の一七万平方メートルに渡る敷地があり、その中を明治大学平和教育登戸研究所展示専門委員が案内してくれた。

参加者の一人、法政大学第二高等学校生徒、安藤（仮名）さんは、当時の事を知っている人に直接会い、詳しい経緯を知りたいと思った。なぜなら、「平和教育学級」で「自分の住んでいる地域を調べよう」、「歴史は祖父母の代から孫の代に伝えられ」、「若い世代が未来に向かって問いかける」という三つのポイントを知ったからだ。証言してくれる人を探すため「年齢・勤務時間・身分・給与・動機」のアンケートを作り、地域住民に郵送したところ、返信が二十七通あった。「会って話が聞けますか？」と問うと大多数の人が「いいえ」と応えたが、一人の女性が「資料がありまず」と返事をくれた。

生田に住む村山琴子（仮名）さんである。十六歳の時に研究所の二科に勤務していたという。二科には五〇人いたが女性は給仕と事務の二人だった。敗戦後以来「雑書類、昭和拾六年以降」と墨で書かれた束を保存していた。その中に「雨傘蛇毒分譲方依頼致し…」、「氷依頼書」、「実験中毒ガス吸引手当報告書」、「工業学校優秀生徒推薦依頼状（校長宛て）」、「技術職員調査書兵技大尉半田博浜松高等工業学校応用化学科」等の文書があった。

一方、長野県伊那谷駒ヶ根市にある長野県赤穂高等学校二年の菅原さんは一九八九年に「一日平和学級」に参加した。その時「神奈川県川崎秘密研究所が駒ヶ根に引っ越してきた。でも、このことは人に話してはいけないと厳しく言われていた」という話を聞いた。「よし、これを調べて文化祭で発表しよう」と思い、仲間を誘ったら十名ほど集まった。

「駒ヶ根市誌」には「登戸研究所は昭和二十年五月、赤穂町、中沢、伊奈、飯島、宮田各村の小学校校舎に疎開し、兵器の開発、研究に当たっていた」と記されている。そこで中沢地区を訪ねると「昭和十九年度学校日誌中澤国民学校」に「昭和二十年三月十七日、登戸研究所小野少尉他一名来校」と書かれ、倉庫に木箱が保存されていた。中に実験道具・ガラス製品・缶詰爆弾があり、さらに「長澤さんという元研究員が一人いる」という噂を聞いた。

長澤さんを訪ねることにした。彼は不機嫌そうに「帰れ」という。何度も拒否されたが五回目の訪問の時、ガラス容器を持参して見せると「登戸研究所で使っていた」と言い、「君たち高校生には話そう」と語りだした。長澤さんは第四科に勤務し、台湾でハブの毒を採集していた。陸軍秘密研究所一九三七年に発足し、一九四五年に長野県伊那谷に疎開し、建物は一〇〇棟、従業員は一〇〇〇人いて、第1科は電波兵器・風船爆弾、第2科は毒物・スパイ道具、第3科は中国向け偽札、第4科は第2科で研究されたものを製作していた。「一九四八年一月帝銀事件」で銀行員一二名が毒殺されたが、これは登戸研究所の毒物を使ったという話もある。

登戸研究所は「第九陸軍技術研究所」の別名で、「風船爆弾」は特製の和紙をこんにゃくのりで接着した巨大な気球九三〇〇発をアメリカに向けて飛ばした。ジュネーブ協定違反の生物兵器や毒物、中国向けの偽札、中国人を人体実験した「医療器具」、そして、本土決戦に備え、研究所を長野県伊那谷に疎開し、小学生に兵器製作をさせていた史実が分かった。これを調べた神奈川県と長野県の高校生、協力した教師たちに敬意を表したい。（『君たちには話そう――かくされた戦争の歴史』石井ゆみ著、くもん出版、二〇一五）。

21. 政治的言説
――原爆写真展が「政治的中立性を侵すおそれがある」と、佐世保教委が禁止

一九四五年八月六日午前八時十五分、真っ赤な光の閃きとドーンという音が響き、全ての家屋が崩壊した。二人の子どもを庇《かば》った母は全身にガラスの破片が突き刺さったが、その母に「はよ、逃げんさい」と促され、二人は爆心地と反対方向に逃げた。途中、母の血で真っ赤に染まって生臭くなっているシャツを洗おうと川に行ったら、遺体がたくさん浮かんでいて水の色が赤や茶になっていた。逃げているときは弟も私も何も話さなかった。本当に恐ろしいときには、人は声も涙も出ないんです。当時の体験を話すのがつらく、家族と会ったときにも口にしなかった」。

こう語るは、爆心地の東二・三キロの自宅にいた当時七歳の小林愛子さん（現八十一歳）、弟は当時五歳の張本勲さん（現七十九歳、野球評論家）である。

この話とは別に、国鉄勤務の傍ら三十年間被爆体験を語り、原爆ドームを色紙に描き続け、二〇一九年の四月に亡くなられた原広司さん（八十七歳）がいた。

近づいて爆風や熱線の恐ろしさを見ないと実態は分からない。「平和を求める原爆ドームの心を描かなくては」と平和記念公園に足を運び、描かれた色紙は三四〇〇枚に達した。彼は二〇一六年米大統領オバマ氏が原爆ドームを遠くから望んだだけで帰ってしまった時は、怒りをあらわにした。

原水爆禁止佐世保協議会は二〇一七年以降、原爆写真展を佐世保島瀬公園で開催している。長崎原爆で亡くなった弟を背負う写真「焼き場に立つ少年」や晴れ着姿の姉妹が火葬される光景を描いた絵やパネル三十枚を展示し、商店街の一角で署名を呼び掛けた。主催者は市と市教委に後援を依頼したが、断られた。

「核兵器禁止条約を全ての国が批准するよう求める被爆者国際署名活動」と、写真展のチラシ「歓迎！　核兵器禁止条約」という表現が「政治的または宗教的中立性を侵すおそれがあるものに該当する」という理由だ（以上「毎日新聞」2019,8,5.）。

広島原爆投下から七十四年となった八月六日、広島平和記念公園で平和記念式典が開かれた。約五万人の市民が参列し、午前八時十五分に黙禱を捧げた。松井一実市長は「両核大国（米露）の間で理性的対話によって核軍縮に舵を切った勇気ある先輩がいたことを思いおこし、核兵器のない世界の実現に更に一歩踏み込んだリーダーシップを発揮せよ」と問いかけ、湯崎英彦県知事は「核兵器不使用を絶対的に保証するのは、廃絶以外にありえない」と断じた。

国連は二〇一七年に一二二ヵ国の賛同を得て「核兵器禁止条約」を採択し、批准国は発効に必要な五〇ヵ国の半数に達した。市長と知事が日本政府に署名と批准を促したが、安倍晋三首相は条約について「現実の安保保障の観点を踏まえていない」と述べた。

原爆の放射線でガン・白血病・心筋梗塞などを発症する「被爆症」の認定をめぐり、国と被爆者側が争わないよう解決をはかる「8・6合意」を結んで十年経ったが、国側は「さらに広げて基準を設けるのは困難」と応えている。「放射線と関係ない被害まで際限なく対象を広げれば、他の戦争被害者との公平性が損なわれる」からだと言う。被爆者一四万五八四四人で認定されたのは七二六九人で五％に過ぎない。国と司法の対立もある。治療が必要な状態「要医療性」をめぐり、国は「科学的知見を超えて認めている」というが、司法は「内部被爆の影響を過小評価している」と主張している。被爆者の平均年齢八十二歳（被爆時八歳）だから、残り時間が少ない（以上「朝日新聞」2019,8,7.／2019,8,10.)。

地方自治体と教委が述べた「政治的中立性を侵す」と、国が述べた「他の戦争被害者との公平性が損なわれる」／「科学的知見を超えて認めている」と首相が述べた「現実の安保保障の観点を踏まえていない」という言葉の意味を考えてみる。

原爆で肉親を殺され逃げ惑った子どもたち、描かれた原爆ドームの色紙や原爆写真展が「中立性」を侵し、被爆者の認定が「科学的知見を超えて」いるのに五％に留まり、それを超すと「公平性」が損なわれるという意見、日本が「現実の安保保障の観点を踏まえていないから」核兵器禁止条約を批准せず、「被爆症」認定基準を緩和した現実を見ると、核保有国とその追従国である日本が全て現実の逆を述べていることが分かる。

国が政治的中立を侵し、非科学的知見で被爆者認定や保障の公平性を損ない、一二二ヵ国の賛同した核兵器禁止条約に被爆国日本は「非現実的だから反対だ」という意味に受け取れる言説と事実が全て違う。これでは〝アベコベ〟政権と称すべきだ。

22. 戦時の教師

――学徒動員された旧制高等女学校の生徒一八〇人を空襲から守った教師

第二次世界大戦末期(一九四四年~一九四五年)、日本では農村や工場の労働力不足を補うため中等学校以上の学生・生徒が強制的に働かされた。これを学徒動員という。

一九四四年十一月、愛媛県松山駅前に各地の動員先に向かう白鉢巻き姿の生徒が集まった。その中に松山城北高等女学校の三年生(十五歳)一八〇人もいた。動員先は大阪陸軍造兵廠だった。そこは大阪市北区の工場で秘密兵器「風船爆弾」の材料づくりを任された。

一九四五年六月七日、寮のある地区を米軍B29爆撃機の四〇九機とP51戦闘機一三九機が襲いかかる。爆撃機が焼夷弾を投下し、戦闘機が火中を逃げまどう人々を機銃掃射した。

「城北公園に逃げろ」と引率教員の曽我静雄が指示する。腰を抜かして動けないおばあさん、腹に銃弾を浴びてのたうち回る母親、着いた公園も避難民でごった返していた。「白い服は目標になる、黒い物をかぶせろ、かたまって逃げるな、飛行機がきたら小さく伏せろ」と曽我は冷静だった。片ひざ立ての姿勢で四方を凝視し、生徒に指示し続けた。

空襲の犠牲者は約三千人もいたが、生徒は助かった。普段から信頼を集めていた曽我だが、勇気と沈着な観察力で命を守り、少女たちの思いは一段と深まった。

寮は全焼した。天王寺区鶴橋駅近くの宿舎に移ったが、十五日の空襲でまた全焼。大半の生徒が造兵廠の作業に出ていて、この日も生徒の犠牲がなかったが、軍のトラックで浪速区日本橋の松坂屋デパートに輸送され、何もない四階の床にむしろを敷いて、雑魚寝《ざこね》した。

生徒を守らねばならぬという使命感から曽我は決断し、即座に動く。翌日、引き揚げを申し出たが、軍は拒否した。だが曽我は「我々は軍の命令ではなく、文部省の方針により、県の命令で出動した。もはや生徒の安全、勤労の継続は困難だ。県や校長の了解は私がとる」と押し切って、軍に退廠式を開かせ大阪駅に向かった。

駅に着いたが切符がない。「万事休す」と思いきや、曽我は機転を利かし「城北学徒隊、立てえ、前へ進め、歩調取れえ」と号令をかけ、改札口へ、駅員に会釈すると挙手の礼を返してきた。駅員に向かい「頭っ右」。造兵廠の腕章をしていたご利益もあったが、通過できた。瀬戸内海を渡り、列車が伊予和気駅を過ぎると松山城が見え、歓声が上がった。

全員無事の帰郷を指揮した曽我は、その後広島転勤を命じられ、被爆するが、命は助かった。造兵廠は八月十四日、爆弾を大量投下され壊滅した。曽我は一九七〇年「教師の理想的パーソナリティー」という共同研究を発表した。小・中・高の児童、生徒や親らを調査し、教師に相応しい「人柄」を追求した。結論は「勇気、観察力、使命感、決断力」そして最後に「優しさ」を掲げた(「朝日新聞」2019,8,28. 編集委員駒野剛・文集「学徒動員15歳のモニュメント」松山城北高等女学校第20期卒業生編著、二〇〇四年刊)。

一九四一年「学校報国隊」が勅令によって結成され、文部省令「大学学部等ノ在学期限又ハ修業年限ノ昭和十六年度臨時短縮ニ関スル件」を公布し、大学・高等学校・専門学校(旧制)の修業年限を三ヵ月短縮した。次いで一九四三年一月、政府は「緊急学徒勤労動員方策要綱」を閣議決定し、同年三月文部省令「決戦非常措置要綱ニ基ク学徒動員実施要綱」を出し、通年動員・学校の種類による学徒の計画的適正配置、教職員の指導と勤労管理を命じた。七月「供給不足の場合は中等学校低学年生徒動員・深夜業を中等学校三年以上のみならず女子学徒にも課する」とし、八月「学徒勤労令・女子挺身勤労令」を公布。一九四五年三月政府は「決戦教育措置要綱」を閣議決定、一年間の授業停止と学徒勤労総動員体制を整えた。

戦争となれば、国家の指導層と庶民の個々人は立場が違う。指導層は勝っても負けても被害が少ないが、庶民層は多くの命を失う。戦争遂行には圧倒的多数の庶民の力が必要だから、指導層は「報国」「勤労」「挺身」などを唱えて、庶民を「動員」する。戦時政府が生徒と学生を「学徒」と称したのは、庶民の少年たちを人とは思わず、将棋の駒のように思っていたことを意味する。

こうした「国家主義・全体主義」の状況下で、庶民の個々人を尊重し「優しさ」を旨として、一八〇人の生徒の命のほうを守りきった教師がいたことを記録しておきたい。

23. 満蒙開拓青少年義勇軍
――士官十七歳が義勇軍十五歳を指揮し、敗戦後、解散命令を出す

「満蒙の天地に世界に比類なき民族協和の平和村建設と、祖国の防衛という高い日本民族の理想を実現するために重大国策として、時の政府によって行われた」。これは一九六三年に多摩市に建設された開拓団碑文である。

二〇一四年の歴史教科書「日本史Ｂ」（清水書院）には以下のように書かれている。

「日本政府は、人口過剰や恐慌による農村疲弊の打開策として満州移民を実施した。長野県を筆頭に多くの農民が家族や村単位で移住した。一九三八年から満蒙開拓青少年義勇軍として移住する青少年も増加した。彼らは地主・自作農を夢見て移住したものの、現実は極寒と貧困のなかで困難な仕事に苦しみ、農地を取りあげられた中国人との闘いにも悩まされた。戦争末期には、兵士として徴発され、敗戦後にはソ連軍の侵攻などによって、混乱のまま一家離散し、今日までつづく中国残

留孤児の問題を生んだ」。
同年に出された「日本史B」十九点のうち、「満蒙開拓」が記載されていないのが九点、その他は「軍部は満州国の日本人の地位を固め、対ソ戦争を準備するために、ソ連と国境を接する北満に満州開拓移民を移植させた」と簡略化されている。

「トラックは無人の野を十キロも快走したろうか。白い地平線からの寒風にさらされて、みすぼらしい家屋が並んでいるのを見た時、僕は千四百人の少年がここで冬を過ごすとはどういう事であるかを理解した。子供たちの表情は奇妙なものであった。元気に見えるかと思うと、しょげているようにも見え、沈んでいるように見えるかと思うと、快活な表情が見えたりして、最初その感じを捕らえることができなかったが、まもなく僕ははっきりと理解した。彼らの顔は開けっ放しの子供の顔なのだ。まさしく、困難な境遇に置かれた時の子供の心そのままの顔なのだ」
(小林秀雄「孫呉訓練所訪問記」一九三八年、『小林秀雄全集』新潮社、第七巻)。

一九四六年、満州国陸軍軍官学校(士官学校)の西川順芳十七歳は、中国人同期生に誘われて国民党軍の少尉に任命された。小隊長として六十人の兵士を指揮するのだが、彼らは皆、満蒙開拓青少年義勇軍に属していた。年下で体も顔もあどけなく、本当の子どもだった。軍服なども着ておらず、開拓団の作業服のままだった。西川は「重慶から来た少尉」という触れ込みで日本語の使用を禁止されていたが、「軍隊に入れば飢えることはない」と思ったからだ。

同年四月長春（旧新京）で、中国国民党軍と八路軍の内線が勃発した。旧日本軍の38式小銃を支給され、長春付近の守備を任された。夜明け前、向いのビルの屋上から擲弾筒《てきだんとう》が発射された。

西川は腰を抜かす。黄色っぽい軍服を着た二十人ほどの兵隊が見えたからだ。八路軍に戦車を動かせる人間もいないが、よく見ると日本軍の軽戦車だった。八路軍が日本軍から日本兵ごと奪ったものだった。「解散だ。逃げろ」思わず日本語で絶叫した。義勇軍の少年も戦車を見て蜘蛛の子を散らすように逃げた。

西川はその後の少年たちの消息は知らない。申し訳なかったが、日本人居住区で強盗を働いた。銃を突きつけ背広と靴を要求し、それを着用し公園の池につかって八路軍をやりすごした（「産経ニュース」2016,1,17.）。


「一九四六年、大連市中央公園のアカシアの樹に集団首吊りをした若者たちがいた。彼らは満蒙開拓義勇軍の青年たちで、ようやく危機を脱して大連までたどり着いたものの、飢えと寒さに耐えかねて生きる力を失ったのであろう。この世をはかなんだ遺書がそばの枝に取り付けてあった」。

（佐藤令一、学徒動員引率教員の手記『満州ねこそぎ動員より引き揚げまで』一九八〇年自費出版／薄井寛著『歴史教科書の日米欧比較』筑波書房、所収）

冒頭に掲げた開拓団碑文に「満蒙の天地に民族協和の平和村建設」と書かれていたが、これは真っ赤な嘘で、中国東北地方に植民地を作り、飢えに苦しむ自国の貧民を「移民」として送り込む国策であった。「移民」と棄民は同義語であり、動員された「子ども」たちは最後に集団首吊り自殺までした。国の権力者は「祖国防衛」と称して、当地の民衆を殺し、徴用工として使役したばかりでなく、自国の子どもたちを見殺しにした史実がある。戦後七十五年を経ても、教科書検定等を武器として、国策失敗の史実を隠蔽する「努力」を重ねている。

24. 戦時の漫才
――臨監席と検閲警察官の前で行われていた演芸場

「あのね、君。千人針に五銭白銅が結びつけてあるだろう。あのわけ、知ってまっか？」

「知りませんね。どんなわけですか？」

「五銭はね、死線を超えて、という決意を表しているのですよ」

「なるほど。じゃ、十銭は？」

「十銭は苦戦を超えて、らくらくと大勝するという我が兵の強さを表している」

「なるほど。」

「そして、五と十を加えると十五だろう。千人針は銃後の赤誠を表しているのだ」

（一九三七年、「わらわし隊」エンタツ・アチャコ漫才）

「わらわし隊」とは、戦闘機部隊「荒鷲隊」をもじって付けられた「皇軍慰問団」のことである。一九三一年の「満州事変」から太平洋戦争末期までの十五年戦争中、吉本興業と朝日新聞が共催で、主に中国大陸の駐屯兵士を慰問するために派遣された。


「おおいに頑張って、八十億円貯金しましょう」

「そら殺生や。僕に貯金する余裕があると思いまっか？」

「余っている金をするのは、真の貯金とは違う。余らん金を貯金するのが真の貯金や。早い話が月の通勤費の予算が五円とすると、これからは天気のいい日は歩く。そうすると月に一円は貯金できますね。自分の小遣いを無理に鋏でチョンと切る」

「そうか、じゃ僕も明日から電車賃を節約して歩いて通おう」

「誰も彼も皆、分に応じて貯めましょう植木屋や散髪屋を手本にして」

「何でや？」

「分からんか。木の枝をチョキン、髪の毛をチョキン。どっちもチョキンが商売や」

「そんな阿呆なこと。しかし、銃後の我々が気を揃えて頑張ってこそ、長期戦オーケーや」

（一九三八年、「大阪市公民時報」掲載、漫才読物「貯金戦」）


読み物としての漫才もあった。

「水ものを飲むのは注意しましょう」

「賛成。水を飲む代わりに酒やビールを飲みましょう」

「そんな無茶言うな」

「酒は一合につき七銭、ビールは一本につき二十一銭の税金がつく」

「それがどうしたんや」

「飲めば飲むほど納税奉仕や、飲むほど税金を沢山集めるから、これが本当の税沢や」

（「週刊朝日」1939,9,3. 掲載）


「今年は紀元何年ですか」

「お陰様で、家内中元気がよろしいですの」

「いいえ紀元を聞いているんです」

「ですから機嫌がいいんです」

「分からん女やな。我が光輝ある大日本帝国が建国されて何年になると聞いているんですよ」

「なんや。それなら二千六百年ですがな」

「この二千六百年の間に、一度も敵に侵入されたことがないでしょう」

「全くありがたいことですね」

「上には御慈み深い御皇室を頂き、下には忠勇無比の同胞が一丸となり、困難来るとも、吾らに大和魂あり。この熱と力があればこそ、わが国は微動だにしなかったんですね」
（玉松一郎・ミスワカナ「今年は辰年」新興キネマ演芸部、一九四〇）

演芸場には「臨監席」があり、検閲警察官とか憲兵が座り、台本と舞台の漫才の内容が違うと芸人は始末書を取られた。

例えば「戦地の兵隊さん、タバコやキャラメルをたくさん詰めた慰問袋を送ってくださいね」、「それあべこべやがな」というやり取りは「皇軍侮辱」という理由で叱責処分になり、「戦争は怖いぞ」「なんで怖い？」「敵に殺される」「そんなら僕は敵になる」と言えば、「戦意高揚の目的違反」として免許取り消し処分を受けた。当時は免許制であったため、芸人は舞台に立てなくなった。従って、戦時中の演題は国策に沿う「無難」なものになった。

漫才と戦争には深い関係がある。漫才が出てきたのは一九〇〇年代初期（明治〜大正）だが、一九三一年の満州事変以降に一般化し、先に示した駐屯兵士の慰問団として「満州」各地に巡業した。そして一九三七年の日中戦争以降、大衆芸能として本格化したから、いずれも戦争を契機に演じられた。

だが「臨監席」があったので、洒落や地口やなぞなぞ等を組み合わせ、「国策忖度《そんたく》」の漫才しか許されなかった。

それにしても、『食糧衣料切符制度」や「スローガン」「闇取引」「灯火管制」「ニュース」等の演題によって、庶民の生活を知ることができる。漫才を聞いた兵士たちは「泣きながら笑った」とも記されている。戦争を知らない子どもや若者たちに、戦争は庶民の笑いの質を変えたことを記録して伝えておきたい。

付記。資料は主に「藤田富美恵著『戦争と漫才』、新風書房、二〇〇五年刊」に拠った。著者の父親は漫才作家の秋田實氏であり、氏の残した、大阪玉造の三光館（寄席）に保存された「銃後大阪を行く」「貯金戦」「僕の国策」「時局漫才漫画」を参考にしたと記されている。

25. 朝鮮人強制連行
――裵元吉さんが突然強制連行され、徴用工として働いた体験

裵元吉　ハ・ウオンギルさん（一九二五年、全羅北道農村生まれ）。

以前は朝鮮人の小学校があったのですが、いつの日か廃止され、日本人の先生が教える日本式の学校が作られました。貧しい農村では、皆が学校に通うことはできず、行けても一人か二人でした。私も学校へは行きませんでした。

忘れようとしても忘れられません。一九四三年六月、突然木炭車のトラックが来て、私を呼び、作業服を着ろというのです。トラックの前には役場の職員や日本人がいました。作業服は南京袋で作った国民服で、毛がちくちくと体を刺して痛くて仕方がない。そのまま家族との別れも交わせずに連れてこられました。

釜山から船に乗り、下関に上陸、汽車で函館に連れていかれました。汽車には数百人の徴用朝鮮

人がいました。作業は飛行場作り、日の出から、夜は日暮まで働かされました。飯場は二段ベッドで狭く、窮屈でした。壁は板が打ち付けられたものでした。食事は大豆粕に高粱《こうりゃん》、粒の長い米を混ぜて蒸したものでした。病気になっても怪我をしても、医者にはかかれず、沢山の人が死にました。死ねば穴を掘って死体を放り込み土をかけるだけで、人間扱いはしてくれませんでした。

耐えかねて脱走する者がいましたが、ほとんどすぐに捕まり、労働者を集め、丸く輪を作らせその真ん中に裸にして引きずりだし、革帯で叩く。皮膚が裂け血が流れる。バケツの水をぶっかける。悲鳴を上げるがやがて死んだようになる。瀕死の重傷を受けた者は仲間が介抱しました。こんな話は今話しても信じてもらえませんが、本当にあった話です。

生きるためには働く以外に道はないと思って働きました。そしたら、仕事ができる者一〇〇人ばかりが選ばれて、群馬県の中島飛行場に連れてこられました。ここにも朝鮮人の労働者が沢山いました。工場では飛行機の部品作りをしました。一人の日本人技術者が五人の朝鮮人労働者の仕事を指導しました。

一九四五年二月、中島飛行機は米軍の空襲でみんな燃えてしまいました。この時とばかりに、五人の仲間と脱走しました。いま考えてみれば、赤城山の方に逃げたのです。三日三晩、山の中を歩きました。

草津には朝鮮人が大勢いると聞いていたので、そこに行けばなんとかなると思いました。草津の谷戸に朝鮮人の親方がいて飯場をもっていました。そこで世話になり、万座温泉の下の方の硫黄鉱山で働きました。ここで八月十五日を迎え、ああ助かったと思いました（以上、「ハ・ウオンギルさんの手記」）。

日本は一九一〇年独立国だった大韓帝国を「併合」、地図上から抹消し、一九四五年の敗戦まで植民地として支配した。この三十五年間に強制連行・強制労働をした朝鮮人は一〇〇万人を超えたと言われている。一九三八年「国家総動員」を制定した日本政府は一九三九年に「朝鮮人労務者内地移送に関する件」を閣議決定し、地方行政・警察・軍隊による割り当てや指名で「人狩り」といわれた強制連行を強行した。

中島飛行機株式会社は、一九一七年に予備海軍機関大尉であった中島久平が創立した。ここでは陸海軍から受注し、全国の飛行機生産台数の三割を占めた。敗戦時には一六一ヵ所の工場をもち従業員は二十五万人に達していたが、一九四五年二月以降、米軍の主要爆撃目標とされ、全工場が壊滅した。

中島久平は一九三〇年に衆議院議員となり、東久邇宮内閣の軍需大臣兼商工大臣を務め、その息子中島源太郎は竹下内閣の文部大臣、その孫中島洋一郎は防衛庁政務次官となった。

戦時に植民地出身の労働者を酷使し、殺害した会社経営者は戦犯ともならずに、戦後の政治的・社会的・経済的立場を肥大化し、ぬくぬくと生き続けている。被害にあった中国人・朝鮮人・台湾人の個人的補償はまだ終わっていない。そして自国の日本人庶民のために、植民地と戦争が如何なる影響を与えたかを記録しておきたい。軍隊は国の権力者を守り、決して庶民を守らない、戦争は国の権力者を利し、どの国の庶民も悲惨な目に合うことを。

（資料、「群馬における朝鮮人強制連行と強制労働」編集委員会編著）。

26. 連行責任者
——日本人連行者が語る自責の念にかられた話

私、関卓は昭和六年生まれで、当時国民学校六年生でした。原町方面から来て郷原の踏切をわたると右手に大きな建物があります。これは郷原公民館として使われて、吾妻線工事の時には朝鮮人労働者の宿舎でした。公民館には七十から八十人の朝鮮人労働者が生活していました。大倉組（現大成建設）が朝鮮半島から連行してきた人たちです。

退役軍人が教練をして、軍隊式の集団生活をしていました。ほとんどの家に朝鮮の人が、納屋を借りるなどして住んでいました。郷原の飯場の人たちは鬼岩トンネル工事をしていました。トンネルの位置が高いので国道を跨ぐ一二メートルほど上に木組みの橋梁があり、そこをトロッコで運ぶのです。落ちて死んだ人があったと聞いています。

私の兄、関豊は北支戦線で病気になり、除隊して帰郷していましたが、大倉組からの要請で、労働者集めのため、朝鮮に渡りました。朝鮮では村毎に募集して若者を連れてくるのですが、泣きすがる親のところから連れてくるのは「本当につらかった」と話していました。

最後の乗船予定だった関釜連絡船が沈み、家族はもう駄目だと思ったのですが、幸い次の船で帰ってきました。でも、途中での「逃亡防止の見張り」などで不眠不休の旅であり、帰ってきたその日に、二十四歳の若さで亡くなりました。昭和十八年十二月のことです。葬式には朝鮮人の隊長が弔辞を読んでくれました。この人は高等教育を受けた人だったようです。

弔辞『関豊君ノ霊ヲ前ニ、半島出身勤労報国隊員一同ヲ代表シテ弔辞ヲ捧グ。先ニ君ハ渡鮮セラレ、吾等本隊志願セシヨリ以来、親シク隊員一同ヲ弟トシテ指導セラレ、内地ニ渡航ニアタッテハ、陸海共ニ輸送難ニ直面シ、混雑ヲ極メタル車船中、糧食ノ斡旋ニ、又吾等中不心得タル逃亡者ノ監視ニ、全身的ニ尽力セラレタリ。之ハ実ニ君ノ身ヲ呈シテノ教エノ賜物タリ。吾ラ深ク感激ニタエサル所也。今日不幸ニシテ君ノ訃ニ遭フ、嗚呼悲シイ哉　君ハ銃後国民ノ誠ヲ尽クサレ、身命ヲ捨テ大君ノタメ大東亜戦争ノ礎トナラレ、尽忠報国ノ誠ヲ致サレタリ、男子ノ本懐、誠ニ之ニスグルモノナシ。吾ラ勤労報国隊員一同ハ君ノ遺志ヲ継ギ、現下決戦時局ニ常在戦場ノ決意ヲ以ッテ、工事ノ期限内完成ヲ期シ、以ッテ君ノ冥福ヲ祈ル者ナリ』大倉土木原町大隊　半島勤労奉仕隊代表者　狭川郡隊長　河原宗実前回、「朝鮮人強制連行、ハ・ウォンギルさん」の手記を紹介したが、今回はその続編に当たる。当時、日本人である連行責任者がどのような立場に置かれていたかを示す史実が、上記のように残されている。

弔辞を書いた「半島勤労奉仕隊代表者」河原宗実さんは朝鮮人でありながら、日本人らしき姓名を記している。一九三九年に「大日本帝国朝鮮総督府」が出した政令で、「本籍地を朝鮮に有する日本臣民に対し、新たに氏《うじ》を創設させ、名を改めることを「許可」した政策」、『創氏改名』の結果である。植民地政策の一環として、朝鮮人は姓名をも変えることを強いられた。

被害者の「河原」さんが、加害者の関豊さんの弔辞を書いたのだが、妙に哀感が籠っている。植民地化と戦時下にあるため、「男子ノ本懐誠」とか「尽忠報国」ということばを使っているが、「親シク隊員一同ヲ弟トシテ、糧食ノ斡旋ニ全身的ニ尽力セラレタリ」「嗚呼悲シイ哉」とも書かれている。

一九四一年(昭和十六年)、「国民勤労報国協力令」が出され、十四歳以上四十歳未満の男子、十四歳以上二十五歳未満の独身女子が軍需工場や鉱山や農家で、無償で働かされた。

戦時下では、加害国の庶民は「強制連行」に近い扱いを受けた。若くして亡くなった関豊さんは「泣きすがる親のところから連れてくるのは辛かった」し、「不眠不休の旅」をして、心身ともに疲れ果てていた。国の権力者は戦地で病気に罹った兵士を「使い物にならないから、連行責任者にでもするか」と考えたに違いない。関豊さんは加害者であると同時に被害者でもある。

Empathyは「他者の感情や経験を理解する能力」の意味である。加害国の庶民である関豊さんはこの能力を持っていたし、彼の死に向かい、被害者である河原さんが読んだ弔辞に哀感が込められていたのもEmpathyを備えていたからであろう。

隣国との関係を国に任せておくと、喧嘩ばかりするから、植民地と戦争の反省をするには、個々の庶民が感情と経験を共有し、互いを理解し合うのが平和への近道だと思う。

（資料、「群馬における朝鮮人強制連行と強制労働」編集委員会編著）。

27. 甲府空襲
――十四歳の少年が空襲で熱くなったアスファルトの上をゾウリで歩くと…

佑郎は十四歳で、鉄道で働いていました。油を使って機関車を掃除したり、機関士さんの手伝いをしたりして、毎日忙しくしていました。その頃、日本は世界の国々と戦争をしていました。ニュースによると「日本は戦争に勝っている」ということでしたが、戦いは長く続いて、佑郎のお兄さんも兵隊にとられ、中国に行っていました。

授業はほとんど無く、学校では毛皮や食糧にするためにウサギを一五〇匹も飼い、校庭を耕して、エサにするクローバーを植えました。青沼の宝石を加工する工場で、機械を使って結晶をスライスし、ワインからとれる酒石酸から、電波発信機（戦争に使うレーダーを作る材料）を作っていました。

佑郎のお父さんは「国策履《ば》き」という履物を作っていました。ケガした兵隊さんが病院で履くためのサンダルです。材料は山中湖にある森の木を使って、布の部分は兵隊さんの帽子のつばに使いました。汚い布でしたが「代用品」という代わりの物が使われ、節約することは国のためになるとして、ほめられました。

一九四五年七月六日、佑郎は当直に当たり、同じ歳の佳彦くんと事務所の机の上に布団を敷きました。蒸し暑い夜で、蚊が何匹も飛び回るので制服の袖をしばり、ズボンの裾も足先が出ないようにして、顔に手ぬぐいをかけて寝ました。

十一頃、空襲警報のサイレンが鳴り、二人は飛び起きましたが、あわてているので、縛っている服がほどけませんでした。

空には爆撃機B29が轟音を立てをたて何機も飛んでいます。バラバラっと爆弾を落とし始めました。愛宕山が照明弾に照らされて真っ赤に見えました。焼夷弾は火薬と油が入っていて、日本の建物は木や竹で出来ているので、あちこちで火がついて、みるみる燃え上がりました。二人は防火水槽で服を水でぬらし、はぐれないように手をつなぎ、何度も転びそうになりながら、とにかく必死で走りました。

工業専門学校と師範学校（現山梨大学）が大きな炎の渦になって、空に届くようでした。雨がザアザア降ってきましたが、火事の勢いは衰えませんでした。空襲は二時間くらい続いて、夜中の二時過ぎにB29の姿が見えなくなりました。

二人は歩いて甲府駅に戻りました。道路のアスファルトが、熱くなって溶けています。二人ともワラの草履《ぞうり》を履いているので、やわらかくなったアスファルトが草履の底にくっつきました。

駅の周りの建物が、焼けて崩れています。荷物を運ぶ貨車が四台、客車も二台燃えていましたが、甲府駅は被害を受けていませんでした。「第四信号機が燃えているぞ！」。駅構内の木造信号所から煙が上がっています。「集まれ、火を消せ！」。駅の助役さんが叫びました。蒸気機関車の大きな給水ポンプに、消防ホースをつけて、信号所の火事をみんなで消しました。

夜が明け始める中、二人は線路伝いに歩いて帰りました。木造の建物はほとんど焼け落ちて、遠くまで見渡すことができます。真っ黒に焼けて死んでいる人、防空壕の中で蒸し焼きになって亡くなった人も見ました。川に逃げた人もいましたが、火は熱風になって川をわたり、人々を溺れさせました。この空襲で甲府の建物の七〇％が灰になり、亡くなったり、不明になった人は千人以上いました。甲府を守るはずの六十三部隊の兵隊さんたちも逃げて来て、とてもびっくりしました。空襲の後、人々がいなくなると、家にあった履物が全部なくなっていました。

甲府空襲の一ヵ月後、広島と長崎に原子爆弾が落とされ、日本は戦争に負けました。兵隊に行ったお兄さんは帰ってきませんでした。

（松永華子『佑郎の甲府空襲』、「まぐぱい・れーん」No.14　2019.12.15.）

これは華子さんがお連れ合いの御尊父から聞き取った話を、八十八歳のお祝いで紙芝居にして発表したものだという。戦時中、十四歳の少年が見聞きした人の動きや動植物が目に見えるように描写されている。「当直日に蚊が多い部屋の机の上に寝る」、「校庭で兎を飼う」、「国策履きという代用品」、勤労奉仕で「酒石酸から電波発信機の材料を作る」、「焼夷弾を落とされると、アスファルトが溶ける」、「川に逃げても熱風で人々は溺れる」、「家屋の七割が消失すると遠くが見える」、「守るはずの兵隊さんも逃げたこと」等々。

戦争を知らない人々に、皮膚感覚で戦争の実態を伝えるために記録しておきたい。

28．豊川海軍工廠爆撃
――女学生二人が米軍の機銃掃射を浴び、ドブに入って助かる

私は同じ三組の神谷さんといっしょに、工廠の塀沿いの道を逃げていました。大杣でふとっていた神谷さんは心臓が悪かったのでしょう。途中で、もう走れない、ツーちゃん、逃げて、というようになりました。その彼女を必死で走らせようとしていたのですから、爆撃はすさまじかったに違いありません。門をどうやって出たのかもはっきりしません。そのとき、急降下してくる飛行機の轟音が、突然、頭の上に響き、機銃掃射が始まりました。

「ドブに入れっ」という怒声が、前の方から何回もくり返されました。前を走っていた人が、右側の、工廠の塀沿いに続いていた溝にとびこみました。私も彼女と一緒にころがり落ちるようにして入ると、溝の底にはりつくように体を縮めていました。飛び込みながら、ああ、これでもう走らなくともすむと、ほっとしたのを覚えています。

次々と急降下してくる飛行機は、まるで私を狙って降りてくるように見えました。轟音が耳元で響き、機銃が文字どおり、あたり一面に掃射される度に、今度こそ駄目だと思うのですが、これ以上かくれる場所はありません。

急にあたりが静かになって、それがどのくらい続いたのでしょうか。助かったと思って立ち上がったところまで覚えています。急に景色が開けて、畠の前の道に出ていました。行く手に竹やぶに囲まれた農家があり、その中にだれかが導き入れてくれました。思いがけないことに榎本先生と、いく人かの女学生の姿がありました。先生は眉間《みけん》に深い縦皺があって、気難しそうで近づき難い印象があったのですが、そのときの先生は、それまで見たことのない笑顔でした。顔中がゆがんでしまったようでした。

田原の駅に渥美線が着いたときは、もう薄暗くなっていました。降りようとして窓の外をみると、ホームに軍服姿の父が立っているのです。父は在郷軍人の少尉でした。家にはオモチャのようなサーベルがあり、正装のときは腰に着けているのだと聞いて、子ども心にもバカバカしいような気がしていたのですが、それではなく、本物の軍刀を腰につけています。

私は仰天しました。海軍工廠が壊滅状態と聞き、外部の人は入れないと聞いて、軍人なら入れるかも知れないと、第一装の軍服姿で私を探しに行くところだったのです。私はほっとした途端に、特権を利用しようとしたことが、一緒にいた友達の手前、恥ずかしくて、家に帰ってしばらくむくれていました。

（「最後の女学生」豊橋高女45回生編、1994,4,1. 所収『戦争と私』三組・野村（小川）津根子）

一九四四年十二月十三日、マグニチュード8の三河地震があり、豊橋市立高等女学校の生徒（十二歳から十三歳の少女）二十三人が死亡した。戦時下にあり、「戦意高揚に支障する」として大災害は一切報道されなかった。続いて敗戦直前の一九四五年八月七日、豊川海軍工廠への爆撃があり、勤労学徒として動員されていた豊橋高女一年生二九八人のうち、八人が死亡した。

津根子さんの手記は空襲の状況を生々しく描写している。爆撃機B29は焼夷弾等で都市全体を焦土と化したが、戦闘機B25G／Hは急降下して、住民の個々人を機銃掃射した。津根子さんが「私を狙って降りてくるように見えました」と述べているように…。米軍機は個人を殺害することをも目指していた。

戦時下には、「お国のため」に大震災を報道せず、「本土決戦」への自覚を促していたが、個人の立場から見ると、状況はがらりと変る。友を庇《かば》いながら逃げた女学生、娘の安否を気遣い軍服姿で探しにきた父親、農家の人が被災者を迎えいれ、気難しそうな先生が、生徒の安全を確認したとき、「笑顔で顔中がゆがんでしまったようでした」と書かれている。

今コロナ禍に対し、国は「3密」を避けるように非常事態宣言を出し、個人の行動規制を促した。過去は戦争、現在のコロナは開発経済やグローバル化に禍の原因がある。

政府の責任は正確な情報提供のみであり、それに基づき、個人は自主的に判断して行動するのが社会の常道だ。今の政府は文書改竄《かいざん》、記録破棄、国会証言拒否等々があり、正確な情報提供を怠っているから、戦時政府と同質だ。その上、戦争や災害や疫病は社会的底辺層の分断を助長する。この状況だから、戦時の空襲被災で、身近な人々の絆と安否を確かめ、互いに助け合った歴史的記録は、共有すべき貴重な資料だと思う。

29. 学徒出陣
――一九四三年法文科系学生を陸海軍に入隊させたが、大学生の母親は

昭和十八年の秋のある日、休暇でもないのに突然、家に帰ってきた長兄は、いつもの兄とはちがって、私の寄りつけないような雰囲気で、ほとんど部屋にこもりきりでした。母もまた、私のことなど眼中にないようでした。おなかが空いても「御飯」ともいえないほど、そばに近づけないようなさびしい雰囲気でした。私は、そんな二人をただ遠くから眺めているだけでした。出征するとはどういうことか、二人の姿が私に教えたようでした。

それは学校や新聞や本で教えられてきた勇敢な兵士とその母の像とは、まるでちがっていました。ですから最初、私は驚き、混乱したのですが、私がいちばん好きで、信頼している二人がこんなに苦しむのなら、学校や本よりもこっちの方が正しいにちがいないと思ったようでした。

それまでは、「出征兵士の家」とか「誉の家」とかの標札が門の上に貼ってある家は、そこが勲

章のように輝いて見えたものですが、兄の出征いらい、その家ではだれか大切な人が欠けてしまい、しかも生きて帰る望みのないままに家族がじっと耐えている。そんな様子が浮かんできて、暗い標札に変わってしまいました。

長兄がいよいよ出征するという朝、私は二人がどうなるか心配でした。二人が死んでしまうかも知れないと思ったり、あの様子を町の人に気取られたら大変だと心配したりしたことを憶えています。ところがなんと、昨夜まではがらりと変わって、つぎつぎに挨拶にこられる方に向かって、二人は実に愛想よく応待しているのです。兄は門口でにっこり笑って挙手の礼までして出掛けていったのです。母は母で、親戚や知り合いの女たちが涙を拭いているのにこれも笑顔で、慰めの役に回ってさえいるのです。

私はそれまで何の疑うこともなく暮らしてきた世界が、突然、大きく裂けて、そこから全く別の景色が現れたのを見ているようでした。小学生の頃、高学年になると出征兵士を駅まで送りました。兵士を先頭に、日の丸の小旗を持って行列していくのです。駅頭でカーキ色の服をきた出征兵士は元気よく挨拶し、りりしく挙手の礼をして電車に乗り込んでいきました。横で、家族が笑顔で頭を下げていました。

出征の日の兄と母の笑顔をみて、あ、そうだったのか、と思いました。あの人たちも、前の晩までは嘆き苦しんでいたのだと、はじめて気がついたのでした。子ども心にもそれが本当、と思いました。兄に死んでほしくないのですし、きょうだいの中でも特別大切にしているようだった長兄を、死なせたくないのは当然だと思いましたから。
私はそれ以来、建前と本音に引き裂かれることになりましたが、それでも工廠では真剣でした。私が検査をしている信管にひとつでもオシャカが混じれば兄は死ぬ、他の人も死ぬ、と思ったからです。
（28．掲載、「最後の女学生」豊橋高女45回生編 1994,4,1. 所収『戦争と私』三組 野村（小川）津根子）

「前の晩までは嘆き苦しんで、家族がじっと耐えている」のに、出征当日の本人は「元気よく挨拶し」「母は笑顔で」と描写されている。庶民は生死の問題について、国への建前と個人の本音を阿《あ》吽《うん》の呼吸で切り替えていたことが分かる。

一九四三年十月、戦時政府は兵力不足のため、高等教育機関に在籍中の二十歳以上、主に文科系の学生を徴兵した。当時、日本国籍を持つ台湾人・朝鮮人・「旧満州国」の中国人、それに加え、日本占領地の日系二世の学生をも強制した。

戦場では、戦死に限らず、兵站《へいたん》の補給不足で栄養失調や疫病に罹り、多くの兵士が戦病死した。一九四五年九月以降、海外各地から復員したが、旧満州関東軍・樺太・千島にいた兵士は旧ソ連によってシベリアに抑留された。津根子さんの兄上は激戦地マニラに向かい、その後音信不通となられた。

戦時政府は不利な戦局を報道せず、「国体の護持」を掲げて、庶民に「本土決戦」を促した。

一九四七年に戦没学徒の手記『はるかなる山河に』、一九四九年『きけわだつみのこえ』が出版され、多くの人が事態を知った。戦後七十五年を経ても、戦時政府の「由らしむべし、知らしむべからず」の「教訓」を受け継ぎ、歴代の政府は公式発表をせず、出陣学徒について、戦死・戦病死者の概数すら不明である。

30. 視座転換
——B29を「敵機」と叫んだら、朝鮮人の友人が「おれには関係ない」と

一九四五年一月、「羅南師管区情報、敵機B29はブスイタンを通過、北上中」との日本語のラジオ放送があった。また、朝鮮語で同じ内容が報ぜられた。これには驚いた。日頃、公用では朝鮮語が禁じられていた。電話でも日本語でないと交換台でつないでもらえない。

僕が朝鮮人の級友の前で、朝鮮語の放送をまねしてみたら、「敵機（チェッキ）か」と顔を見合わせて、ニヤリとしているではないか。「発音がおかしいか、どう言うんだい」と聞いても、とりあってもらえなかった。帰国後、随分経って分かったが、彼は「敵機？　おれたちには関係ない」と、僕たちと同胞の意識などなかった訳である。

防空濠の作業中に、教官がいないせいもあって、大半がサボっていた。僕はスコップを手に黙々とやっていた。すると、いきなり「今おれに土をかけた。あやまれ」と日頃ふざけあっている遊び

仲間（朝鮮人）が言うではないか。反射的に「かけてない」と言い返す。「とにかく足にかかったから、あやまれ」としつこくせまる。「あやまれ」「かけてない」と繰り返しながら、にらみ合う。手は出さなかったが。これとて彼らの仲間内で「お前はこの頃、秋元とばかりに、仲がいいじゃないか」と思われるのが嫌で、「おれは朝鮮人だ」と示したかったのだろうと思う。

夏、海防艦が一隻入港した。防波堤で水兵の話を聞いた。「連合艦隊はもうない。戦艦大和も陸奥も長門もない。今あるのはこの海防艦ぐらいのものだ。でも最後は勝つよ。」と言うから、唖然とした。

日本海軍の実状にびっくりしたが、こんなことを平気でしゃべる水兵さんにも驚いた。父に「山本五十六長官の時は強かったが、豊田長官になってから、ダメだね」と言ったところ、「そんなこと、他所で言ったらいかんぞ」とたしなめられた。

八月、ソ連が参戦して俄然慌ただしくなった。清津沖で海防艦がソ連空軍の攻撃を受け、血だらけの負傷兵がトラックに乗せられ病院へ運ばれた。我々は日曜日も登校し、空襲から学校を守るために交替で残り、防空壕で寝泊まりした。八月十五日正午に天皇陛下の玉音放送があるから聞くようにということで、家に帰った。あくる日登校したが、校長からは何の説明もなく、級友から日本が降参したことを聞かされた。八月二十一日に学校から、在学証明書を渡され、「明日から登校しなくてよい」と宣告された。

憲兵がビラを貼っていた。「わが軍はソ連軍と交戦、これを撃退せり」とあった。ところが二十三日にソ連軍がやってきた。兵士を乗せたトラック二〇台ばかり連なり、兵士たちはそれぞれ自動小銃を持っていた。ロシア人は白人だと思っていたが、皆土色や赤ら顔で、服装たるや垢や泥で汚れたよれよれの物、野獣の集団という感じだった。その後、ソ連兵は民家に土足で上り込み、時計やアルコール類を略奪していった。

母は薪割りの斧を危険だと思い、親しくしていた朝鮮人の洋服屋さんに引き取ってもらい、幾何《いくばく》かの融資をしていたので、その金を多少とも返してもらうつもりだった。ところが憮然として帰ってきた。今までの愛想のよい応対はなく、けんもほろろで、お金も全然もらえなかったとのことである。

以上は筆者の旧友、秋元俊二君（一九三二年生まれ、敗戦時、在北朝鮮）の手記による。旧植民地では、敗戦前後に日本人の生活環境はがらりと変わった。朝鮮語を禁止しているのに、ラジオ放送があり、遊び仲間が些細なことで喧嘩をしかけ、米爆撃機を「敵機」じゃないという。旧憲兵があからさまな嘘を言い、「神国日本、最後は勝利」と叫んだ校長が「明日から登校しなくてよい」と宣言し、それまで「親しかった」近所の洋服屋さんが、けんもほろろの態度に変わり、海防艦の水兵が日本海軍の惨敗を知らせてくれた。

植民地に居た日本人庶民は個人としての加害者であり、戦争の被害者でもある。人は相手の立場になって考えること、視座の転換が難しい。だが敗戦前後に、否応なく朝鮮人の立場からものを見ざるを得なかった。加害者が被害者の立場を知ることは大切だが、その複雑な体験の末に、当時の少年たちは、植民者としての自国と学校と大人の言うこと、為すことを全く信用しなくなった。だが一方で、苦い思いを秘めた少年の成長の記憶でもある。

31. シベリアへ

——旧満州にいた従軍看護婦たちがシベリアに抑留された

一九四六年九月二十九日、看護婦たちに松花江《しょうかこう》の埠頭に集合するよう命令が出た。ソ連兵は日本人を見ると、「トーキョー、ダモイ」と声をかけてくる。本当に日本に帰れるのだろうか。看護婦たちは河原に座ったまま茫然と指示を待っていた。やがて、松花江の下流から白い客船がやってきて、乗船を命じられた。船は松花江から黒龍江に入った。

「皆で合唱でもしよう」、看護婦たちは「海ゆかば」や「蛍の光」を歌った。涙で歌にならない。幼い菊水隊員は泣いていた。「おかしいぞ、日本に帰るのだったら、下流にいかなければいけないのに、上流にのぼっている。帰すつもりじゃないな」。

エンジンがうなりを上げると、客船はゆっくりと岸辺に近づいた。川岸の断崖の上に、レーニンとスターリンの巨大な肖像画が立っている。

ハバロフスクに到着したのだ。「ダワイ（進め）！」ソ連兵が手にした鞭を鳴らし、看護婦たちに命じた。石畳の坂道を上がっていくと灯りのついた家の二階の窓に、女性たちを眺める人々のシルエットが浮かんでいる。道をゆく民間人たちは遠巻きに集まってささやき合っていた。子どもたちが駆け寄って来た。裸足で貧しい身なりをしている。人形のようなつぶらな瞳に、女性たちが惹きつけられた。その瞬間「ヤポンスキー（日本人）！　ハラキリ！」の声とともに石が投げつけられた。「私たちは捕虜だ」。現実が重くのしかかってきた。日本の子どもたちが「鬼畜米英」と教えられているのと同じだと気がついた。

やがて日が暮れ、辺りは暗闇に包まれた。無言の行進は五時間続き、森の中へ入っていった。しばらく行くと営門が見え、ソ連兵の歩哨が立っている。引率のソ連兵が建物の方へ歩いて行った。ここで、全員殺されるのだろうか。それとも…。

その時、看護婦の一人が大きな声を上げた。闇のなかに眼をこらすと、林の中に白い長いものがぶら下がっている。「あれ、兵隊さんのふんどしじゃないの」。建物の中から、誰かが出てきた。近づいてくると、何と、桂木肢第一陸軍病院の長谷川部隊長と平嶋軍曹ではないか。「ご苦労さま。よくここまで無事に来てくれた。皆のことが心配で、心配で」。女性たちは数週間来の不安から一気に解放され、泣き笑いして喜びあった。

ここはハバロフスクの共産党少年団の林間学校を捕虜収容所に転用した建物であった。「満州」各部隊の将校や満州国の中国人高官など、約二三〇人が収容されていた。

ある日、林正カツエは一人の将校から「広島に新型の爆弾が投下されたらしい」と聞かされた。日赤看護婦のうち半数は広島出身者だった。その話を聞いた時、林正は「祖国で死ねる人がうらやましい」という気持ちが浮かんだ。異国の捕虜になるよりは。シベリアでは原爆の惨状を想像するすべもなかった。

騒ぎが持ちあがった。一人の看護婦が護身薬を飲んだ。些細な争いから感情的になって、薬をのみ苦しさで悶えていたが、幸い軍医が適切に処置したので命を取り留めた。師団司令部の斎藤参謀は、看護婦たちに諭すような口調で語りかけた。「あなた方は、これからどんなことがあっても、体に気を付けて日本に帰りなさい。そしてこの体験を、次の世代の人に伝えなければならない」。この言葉は看護婦たちに活きる希望を与えた。

一九四五年七月一日に、「子どもでもいいから」と召集された、一五〇人の補助看護婦の「挺身隊」少女（十六〜十八歳）たちがシベリアに抑留された（前掲、『女たちのシベリア抑留』小柳ちひろ、文藝春秋社）。

ロシア人の子どもたちから「ヤポンスキー（日本人）！　ハラキリ！」と言われて、石が投げつけられた。子どもたちに罪はない。日本でも「チャンコロ・チャンチャンボウ」（『爆弾三勇士』高踏社、一九三二年）とか「これが敵だ！　野獣民族アメリカ」（主婦の友社、一九四四年雑誌表紙）に書かれていた。戦時の国家権力は必ず嘘をつき、「敵国」の人々を罵倒する。だが、敗戦と同時に、国家はアメリカ人を救世主のように崇めた。

戦争が人々を差別し分断した。庶民にとって、「国家」を信用せず、「生き残る」ことに専念すべきという歴史的教訓を忘れてはならない。生きていれば後世に伝えることができる。

32. アンボンで何が裁かれたか
——捕虜虐待死の罪で戦犯とされた上官は自殺し、通信兵が銃殺刑に

戦犯容疑の日本将兵がオーストラリア兵にこづかれながら、虐殺現場で穴を掘らされている。無数の骸骨が現れる。元捕虜収容所長の池内大佐は始終無表情で遺骨を拾い出す。

一九四二年一月三十日、日本軍はアンボン島（オーストラリア北部インドネシア諸島の一つ）に上陸し、守備をしていたオーストラリア軍をわずか六日で攻略した。それから三年半、捕虜収容所にはオーストラリア兵五三二人が収容された。

捕虜たちは強制労働を課せられ、「働きが悪い」とか「試し切り」のために惨殺された。生き延びた者は僅か一二三人であった。「戦場にかける橋＝タイ・ビルマ鉄道建設」犠牲者の二倍の比率だ。日本は「一九二九年捕虜の待遇に関する条約」（ジュネーヴ条約）に署名のみをしたが批准をしなかった。

オーストラリア戦争犯罪処罰法、第三条捕虜虐待虐殺禁止に基づき、一九四五年十二月、オーストラリア陸軍法務部により、南太平洋における日本軍の戦犯に対する軍事裁判が開かれた。捕虜殺害を命じたのは誰かを追及。だが証人は離散し、証拠も隠蔽されていたので、審議は難航した。最高責任者は陸海軍統帥を持つ大元帥の昭和天皇だが、オーストラリアに駐在したアメリカ軍指令官が戦後の日本統治のために「天皇制の温存策」を望み、検事は訴追を諦めた。

次の責任者は南太平洋地域最高司令官の高橋中将だ。男爵という身分故に、無罪となってしまう。最後に収容所長の池内大佐と通信兵の田中中尉の二人が残された。池内は「知らぬ、存ぜず」を繰り返し、「捕虜虐待禁止条約は知っていたが、虐待はしていない」として、頑として口を割らない。

ところが、虐待で瀕死の状態になっていたオーストラリア兵のパイロットが正気を取り戻し、法廷で池内を前にして、事実を供述し「畜生ども、人殺しの野蛮人ども」と罵倒する。有罪は確定だと思われたが、池内は割腹自殺をしてしまう。最後に残されたのは通信兵の田中中尉。上官の命令に従い、処刑を実行しただけの田中に銃殺刑が執行された。

上記の戦犯裁判の検察官であったジョン・ウィリアムズが残した膨大な記録を、彼の息子が自宅のガレージの片隅に保管されていたのを発見し、これを基に映画化された。映画はフィクションだが、史実以上に生々しく迫力がある。

検事が私憤にかられ、容疑者を棍棒で殴打し、靴で腰を蹴り上げる。これを見ていた裁判官に「君も法律家だろう、客観性を失うな」とたしなめられる。池内大佐が「天皇陛下万歳!」を叫び、捕虜たちが唱和する。絶対服従を強いられた将兵たちが、戦争の最高責任者に「敬意」を表している。

通信兵の田中はクリスチャンで、首に十字架のネックレスをつけていた。トラックで護送されている時、それを見ていた一人のオーストラリア兵が憐憫の情から「何か必要なものはないか？」と声をかけるが、隣の同僚兵が「敵を愛せよか？」と皮肉られる。

池内大佐が割腹自殺した時、赤い腸が抉り出てくる。虐待を受け痴呆状態のパイロットから証言を得ようと尋問する大尉が、看護師に「安静が大事」と止められる。総じて、戦中戦後の個々人の行動と情動が克明に描写されている。

オーストラリアと日本、それにアメリカが絡んでくると、天皇制温存の是非を巡り戦犯裁判が「政治的」になる。自国の「利益」を優先すると、裁判が不公平になる。戦時中に国家から殺人を強要された個人に「人権」はあるのか。個人を犠牲にして生き延びた国家に責任はないのか。刑が軽く、良心に従って自首した下級将校が死刑になる。戦時の加害者があたかも被害者のように思われてくる。総じて戦争は、身分や地位の低い者ほど深い傷を負わされることになる。

「ニュールンベルグ裁判」や「東京裁判」は有名だが、アンボン裁判はあまり知られていない。前者は「戦勝国」が「敗戦国」を、「強者」が「弱者」を裁くが、オーストラリアは「戦勝国」や「強者」の感じがない。「弱者」が「強者」を裁くのだが、それが故に、国家の戦争が個人に課した理不尽さを浮き彫りにした映画である。国家は彼我の庶民を犠牲にして戦争してきた歴史を記録しておきたい。

33. スパイにされた北大生
——大学教授に飛行場を指さして教えただけでスパイとされた学生

一九四一年十二月八日、早朝の北海道大学構内はひっそりとしていた。宮沢弘幸さんは急がされる思いで外人教師が住む宿舎を目指し、足早に歩いていた。「帝国陸海軍は本八日未明、西太平洋においてアメリカ、イギリス軍と戦闘状態に入れり」と放送されていた。弘幸さんは日米が戦争しても、ハロルド・レーン先生とはこれまで通り付き合うつもりだったし、何があってもレーン一家を守りたい気持ちで一杯だった。

玄関のベルを押すと、直ぐにレーン先生が現われた。憂いに満ちた目を向け「困ったことになりましたねえ」と言った。「僕は先生に対する気持ちは変わりません。何か困ったことが起きた時は僕がお助けします」。「私の君たちへの気持ちは変わりませんよ」と言って、手を差し伸べてきた。夫人も顔を出し「来てくれて、ありがとう」と言って微笑んだ。

その帰宅途中、にわかに三人の男に囲まれ、両側から腕を摑まれた。男たちは下宿を出た時から尾行してきたようだ。「スパイ容疑で検挙する」、「スパイ？　何かの間違いだ！」と大声で叫んだが、警官に手錠をかけられ、車に引きずり込まれた。

車は札幌警察署の前で止まった。署内で顔写真と指紋をとられ、独房に入れられた。「君は北海道帝国大学、工学部電気工学科二年生の宮沢弘幸だね？　君はアメリカのスパイ、ハロルド・レーン夫妻と親しくしてきたね？」。「レーン先生も夫人も、スパイなんかじゃありません」。「ま、いい。そのうちにはっきりする」。取り調べはそれだけで終わった。

弘幸の両親はその日の夜、札幌逓信局長の遠藤剛から電話で息子が検挙された知らせを受け、翌朝に北大を訪ね学長に会い、「何とかお力を」と懇願したが「私にはどうすることも出来ません」と素っ気なく協力を断られた。

弘幸さんはレーン先生夫妻を訪問した際、偶然目にした根室第一飛行場（大日本帝国海軍不時着用陸上飛行場）を指差して夫妻に教えた容疑で、特高警察に逮捕された。一九四一年十二月十六日、札幌地方裁判所は「軍機保護法違反」の罪に当たるとして、弘幸さんとハロルド先生に懲役十五年の有罪判決、一九四三年五月五日の大審院（明治憲法下での最高裁判所、一九四七年廃止）では上告棄却の判決が下された。

弘幸さんは網走刑務所・宮城刑務所に服役し、拷問と網走刑務所の極寒の中で栄養失調と結核を患い、戦後一九四五年十月十日に釈放されたが、一九四七年二月二十二日に二十七歳の若さで死去した（『ある北大生の受難』上田誠吉著、花伝社、二〇一三）。なおハロルド・レーン先生は、戦後再び北大に招かれて教鞭をとり、一九六六年に死去された。

後日談がある。秋間美江子さんは移住先の米国で亡くなった（「毎日新聞」2020,10,30.）。一九四一年当時十四歳の女学生だったが、家に特高警官数人が上がり、外国語の本やレコードを壊した。尾行され石を投げられたこともあった。

理由は兄弘幸さんだ。「スパイの家族」の汚名を着せられ、生涯苦しんだ。美江子さんは夫と共に一九六三年に渡米していたが、一九八〇年に「国家秘密法案（廃案）」が出された時に反対の意志を表明し、二〇一三年の「特定秘密保護法」が出された時に来日し、各地で講演活動をした。

講演内容は「国家が秘密を決める恐ろしさ」である。「特定秘密保護法」とは、防衛・外交・スパイ・テロ防止の四分野で、安全保障に支障をきたす情報を「特定秘密」に指定し、秘密情報を公開しないことになっている。政府が「秘密」と決めた情報を国民は知ることができない。「何故、秘密なのか？」と質問しても「秘密だから、教えられない」と答えられる。

戦時の国家は猜疑心の塊で自国の個人をスパイ容疑で逮捕し、官憲や司法も政府の思惑を忖度して有罪にした。

これは過去のことではなく、安保法制がある限りこの仕組みは有効だ。一九七一年の「西山事件」がある。沖縄返還協定に際して、日米間で結ばれた密約＝アメリカが沖縄の地権者に支払うべき三〇〇〇万ドルを日本政府が秘密裏に支払った情報を、「毎日新聞」の西山太吉記者が外務省の女性事務官から親密な関係を結んだ上で入手した。罰せられたのは西山と事務官であり、密約を結んだ日米政府は不問に付せられた。

弘幸さんは軍事基地を指差しただけで「スパイ」とされ、西山さんは密約を暴いた罪で裁かれた。双方とも、国家が悪いのに個人が罰せられた。秘密情報は「軍事機密」とセットにされると、民主主義と平和主義を危機に曝《さら》すことを確認しておきたい。

34. 護郷隊

――十七歳の少年兵一〇〇〇名が召集され、沖縄戦で最後の死闘を繰り返した

恩納村山田に通信班がありましたが、無電での連絡は米軍の電波妨害で連絡ができず、伝令として走りました。午前四時に二人一組で往き、帰りは空襲や艦砲射撃の戦場を駆けていく命がけの任務でした。爆風で耳が痛くならないよう耳に脱脂綿を詰めて、防毒マスクを持っていました。硝煙と土煙でマスクが曇り、タオルを濡らして鼻と口を被って歩きました。

読谷出身の私たちは偵察に行きました。西の海には敵の艦船がいっぱいで、空襲と艦砲射撃の砲弾が雨のように降っていました。飛行場周辺は黒煙と土煙がたちこめ、赤い火花が飛び散っており、その一帯は全滅したに違いないと思いました。家族のことが心配でしたが、軍規は厳しく、一目会うことも許されませんでした。

戦況は日に日に悪化の一途をたどりました。敵軍のトラックや戦車は道から山に向かって機銃や

小銃弾を撃ち込みながら進んでいきました。夜間にひそかに歩いていると、飛行場守備隊に出くわし、当初は敵兵だと思って戦闘態勢をとりましたが、伍長が「山」と叫ぶと向こうが「川」という声が返ってきたので、友軍だと分かりました。彼の方は階級が上でした。

腹をすかせていると言うので、私たちは携帯していた食糧を全て渡さなくてはなりませんでした。軍隊は上の階級に絶対服従だったのです。私たちは空腹でふらつく足取りで、ようやく本隊に合流することができました。

四月十九日、迫撃砲の炸裂した破片で、私は右腕と下腹部を負傷し、野戦病院へ運ばれました。前日には従兄弟が亡くなり、私も死ぬのではないかと思いましたが、幸い一命を取り止めることができました。野戦病院は負傷者のうめき声や痛みを訴える叫び声が聞こえて、生き地獄のようでした。傷口からウジが湧き出し、ウジが湧かない者は不思議と死にました。

護郷隊の軍備は三九三名の総数に対して無線が一個、小銃が二九〇、軽機関銃が一六、擲弾筒が一六でした。これで戦車を伴う強力な敵と戦えというのですから、むちゃな話です。私たちは食事らしい食事も摂らず、敵の攻撃の中、生き延びるのがやっとという有様で、これが日本帝国軍人なのかと悪夢を見ているようでした（「護郷隊の一員として」松田喜名、一九二八年生＝当時十七歳。『読谷村戦時記録』下巻、第六章）。

「真っ裸になった男性が風船のように大きくふくれ上がり、ある小柄な少年兵は顔面全部が砲弾でえぐられ、道の真ん中にあおむけに倒れて死んでいた」、「少年兵は腰に付けた手榴弾が枝に引っかかって、枝ごと吹っ飛んだ」という村人の話があり、「お前ら沖縄人は皆、スパイだ。捕虜に行く時は後ろから手榴弾を投げて殺してやるから覚えておれ」と日本兵に言われたという証言もあった（「戦力に組み込まれた住民―沖縄戦から75年」記者の目・平川昌範、西部報道班「毎日新聞」2020,7,23.）。

沖縄では一九四五年三月末に、陸軍中野学校出身将校十五名が率いる護郷隊が結成された。法令ではなく大本営直轄による軍令により、十五歳から十八歳までの中学生と国民学校の男子生徒約一〇〇〇名が召集された。スパイ養成学校出身将校の引率は秘密にゲリラ戦を予定していたから、少年たちの腰には自爆用の手榴弾が付けられていた。

六月二十三日は沖縄戦犠牲者追悼「慰霊の日」である。慰霊碑には、「孤立勇敢三ヵ月　敵に大損害を強要」と書かれているが、鉄の暴風の中を逃げ惑い、攻撃から逃げる途中で家族を亡くし、集合に遅れた制裁で射殺され、スパイ容疑で殺害された少年、自決した少年もいた。子どもがまさに将棋の駒のように扱われていたのだ。

戦時政府は沖縄守備軍が壊滅しても、なお「郷土は自分で護れ」と檄を飛ばし、護郷隊によるゲリラ戦を続け、本土決戦を先伸ばしにするよう画策した。護郷隊の死者は一六〇人いたが、ひめゆり部隊ほど後世に伝えられていない。彼らは軍令に従い、ゲリラ戦を強要され、住民が避難する橋を破壊し、故郷の家に放火したから、その後遺症で長い沈黙を余儀なくされた。

沖縄は「本土防衛」の「捨て石」とされたが、護郷隊は「捨て石の捨て石」とされた。沖縄の少年たちには三重の敵がいた。米軍と日本軍、それに「本土の住民」である。戦争は最も弱い立場にある子どもたちの犠牲に依って成り立っていたことを記憶しておきたい。

35. 外国人
──一九四一年十二月八日以降、外国人を国籍で区別するようになったのは？

Ｈ（国民学校四年生）はごく単純な動機からだったが「ドイツ人は嫌いだ」と思うようになっていた。クラウセンさんというドイツ海軍士官の家で、嫌な思いをしたからだ。一つ歳上の男の子とゲームをして遊んでいたとき、Ｈが三回続けて勝ったのが気に入らなかったのか「ニホン人とユダヤ人も、みんなバカ！」と言ってゲーム盤をひっくり返した。

外国人が住んでいるのに慣れている神戸の人は、どの国の人ともごく自然に付き合っていたのだが、最近はイギリス人、アメリカ人、フランス人、ドイツ人などと区別するようになってきた。微妙な国際的な緊張感が市民にも伝わっているせいだろう。近ごろはドイツ人が好きな人が急に増えた。

それは二年ほど前の夏（一九四〇年）、日本にヒットラー・ユーゲントの一行がやって来てからのようだ。十五歳から十八歳の三十人で、背の高さが一七〇から一九〇センチメートルもあり、一人もメガネを掛けていなかった。これには、みんなが驚いた。

全員が軍隊式の規律で一糸乱れぬ行動を見せたし、スマートな制服を着ていたので、各地で熱狂的な歓迎を受けた。ヒットラー・ユーゲントは三ヵ月の滞在中、日本の各都市を回り、神戸港から船に乗って帰って行った。彼らが去った後も、新聞やラジオが「ヒットラー・ユーゲントに若者の理想の姿を見た。彼らが残していった素晴らしい長所を、日本も大いに学ぶべきである」と褒め称えていた。

Hも「無理ないなあ、ヒットラー・ユーゲントは格好よかったもんなあ」と思っていた。彼らが訪日した効果は大で、それが「日独伊三国同盟」への圧倒的な支持につながるものになっていった。

イタリアにも、ムッソリーニというヒットラーとよく似た首相がいて、ユーゲントと同じような少年団（注：ムッソリーニ率いるファシスト党は一九二二年に政権を握り、「黒シャツ隊」と称する国防義勇軍を結成。最初は退役軍人からなる民兵組織だったが、一九三九年以降、戦力不足のために補充兵として青少年を加えた）もあると聞いていた。でも、神戸に住んでいるイタリアの人は陽気な人が多く、ドイツ人ほどシッカリしている感じがしなかった。ところが三国同盟の声を聞くようになってから、人気が出はじめ、街の人たちはイタリア人を兄弟扱いするようになってきた。

「いずれ三国同盟を結んで、行くとこまで行くんやろうな」そんなことを心細げにいう父親にHは「お父ちゃんみたいに思ってる人、他にもおるんやろう。なんでみんな言わへんの？」と聞くと

「言うたらあかん、憲兵に引っ張られて、監獄に入れられるがな」と言った（注：父は洋服仕立屋で、密かな反戦論者。『少年H』上巻、妹尾河童著、講談社文庫）。

作者の妹尾河童は一九三〇年神戸市生まれ、戦中戦後の動乱期を好奇心の塊みたいな少年Hが、斜に構えて世間を見ている。神戸は戦前から国際都市の様相があったが、一九四〇年頃から変化した。

「どの国の人ともごく自然につきあっていたのだが、イギリス人、アメリカ人、フランス人、ドイツ人などと区別するようになった」と記されているように、個人より国籍を意識するようになってきた。戦争は国と国の「喧嘩」だが、普通に付き合ってきた庶民がヒットラー・ユーゲントを「恰好いい」と感じるようになったのだ。

戦争をするには、国が庶民に「敵を憎む」ように心の操作をする。人種差別と優性思想（人種や民族や個人に生まれ付きの優劣があり、優秀な人材を多くすれば社会がよくなる、という偏見）を利用する。戦時中に「鬼畜米英」との標語があったのを思い出す。

ナチ政権は一九三六年のベルリン・オリンピックで、国威高揚のために、「ロマ（以前は「ジプシー」と呼んでいた）」の人々を一斉検挙し、スウェーデン人、チェコ人、ユダヤ人、ロシア人を追放した（レニ・リーフェンシュタール監督「民族の祭典」参照）。

特に注意しなければならないのは、青少年への「教育」と称して、ドイツは「ヒットラー・ユーゲント」、イタリアは「黒シャツ隊補充兵」、そして日本には、満蒙開拓義勇軍や護郷隊やひめゆり部隊があったことだ。敗戦直前には「捨て石」として、青少年を最前線の戦地へ送り出した。この歴史的事実を決して忘れてはならない。

36. オトコ姉ちゃん

――戦時のトランスジェンダーの男性は召集令状を見て死を選んだ

「六間道や大正筋まで行ったらあかんよ。あんな町で遊んだらバラケツになるからね」と母親に言われていたが、Hにとっては魅惑的な地域であった。バラケツとは不良という意味である。その頃は映画のことを「活動写真」と呼んでいて、画面にあわせて弁士がしゃべる無声映画が残っていた。松竹館の前で、豆腐屋の小父さんに出会い「お前をつれて入ったろか」と誘われた。

中に入ると急に暗くなり、座席を探してキョロキョロしていると、後ろの隅っこの一段高くなった所に席が二つあった。「あそこに座るわ」とHがいうと、小父さんは「あかん、あれは臨監席や」と小声で言った。「リンカンセキってなに？」。「警察官が、悪い活動を映してへんか、悪い奴が来てへんか、監視する席や」。

後ろの方でチカチカと光の線が出ている部屋があり、覗いてみると、中の人がフィルムを受け取りながら「遅れてるで！」と文句を言っていた。その人がなんとHがよく知っているオトコ姉ちゃんだったので驚いた。「ここで仕事してたの」というと、「そうや、映画技師やからな」といつもの優しい声に変わった。「オトコ姉ちゃんは、役者みたいに、色んな声が出せるんやね」と言うと、「まあな」と笑った。

オトコ姉ちゃんは子どもが観ていけない映画も、こっそりタダで見せてくれたので、Hにとっては絶対親に言えない秘密の人であった。

Hが四年生になったばかりの春、そのオトコ姉ちゃんに召集令状がきた。オトコ姉ちゃんが兵隊になるなんて似合わないなと思ったので、心配になった。見せてもらった令状は「赤紙」というにしては淡い桃色の薄い紙だった。布団の上で病気の小母さんが起き上がって泣いていた。町内会の会長で在郷軍人の小父さんが「出征おめでとう」と大きな声で入ってきた。小母さんは会長の大声を聞いて、また「ワーッ」と激しく泣いた。

オトコ姉ちゃんは他の出征兵士と同じように「バンザイ、バンザイ」の声に送られて列車に乗っていった。その後、オトコ姉ちゃんが入隊せずに行方をくらまし脱走したことが近所中に知れわたった。

それから二ヵ月ほどたって、炭屋の育夫と一緒に山の薪拾いに行った帰りに、Hはウンコがしたくなって、ガソリンスタンドの汚い便所にしゃがむと、目の前に靴と足が見えた。ドキッとして見上げると、それはオトコ姉ちゃんだった。首を吊ったオトコ姉ちゃんは目が見開いていた。その顔の周りがワーンとハエが飛び回っていた（妹尾河童『少年H』上巻、講談社文庫、一九九九）。

「オトコ姉ちゃん」とは、今風に言えばLGBTだ。戦時のトランスジェンダーの男性は死を選んだことが分かる。在郷軍人の小父さんは「おめでとう」といったが、男性の母親は「ワーッ」と激しく泣いた。「帝国軍人」として生死を国に託す以外に、個人として生きる道を許されなかったからだ。

さらに、戦時の映画館や芝居小屋には警察官の「臨監席」があり、連隊の多い地域には憲兵がいて、映画や芝居を監視し、「公安に害ありと認め、興行届認可を取り消す」と叫ぶと芝居や映画は中止された。

撮影技師であった若者の死は昔の話であろうか。パートナーの親に交際を反対され一人のトランスジェンダー男性（三十二歳）が自殺未遂をした。「お前なんか幸せになれない、消えろ」と解雇され自殺した若者もいる。命を守るための法律「LGBT理解増進法」が出されたが、自民党内の一部議員が「訴訟が増える」「種の保存に背く」「男が自分は女と言い女湯に入る」「生産性がない」と反対し、未だに制度化されていない。

性的少数者へのいじめ被害は五九・六％もあり、社会制度や日常生活で、存在そのものが不安定で、自分を隠すことを強いられている（「毎日新聞」2021.6.24. 藤沢美由紀、デジタル報道センター、参照）。これは「少数者」だけではなく基本的人権の問題として、戦時の差別と偏見が今の社会にもあることを確認しておきたい。

37. 植民地朝鮮

——植民地朝鮮では、日本人は「旦那さん」？

母がパジで外出する！　下着だけで。決して叱ったことのない優しい母であった。人がいようといまいと、服装にいささかも乱れを見せない優しい母だった。その母がパジで外へ出る！　達城が大きな声でそれを言うと、母は悲しげな笑みを浮かべて言ったのだ。今日は国防婦人会として出掛けねばならない、上からのお達しで、朝鮮人も日本人と同じようにモンペをはけということになった。しかし、わざわざモンペを作るのはぜいたくである。朝鮮人はチマ（スカートに似た朝鮮民族服）を脱いでしまえ、パジ（朝鮮民族服＝裾を紐で絞った長ズボン）がモンペに似ているから、それでよろしい、と言われて、みんな下着姿は悲しいが、余儀なくこうしているのだ、と語ったのである。母親を凌辱されたようなその時の怒りと憎悪を達城は新しく思い出したのだった。

（『小林勝作品4』白川書院、一九七六）

母親の姿が見えないのは何時ものことで不思議でなかったが、少年は赤ん坊がいないのに気づいた。赤ん坊は頭ばかり大きくて痩せていたが、泣く力もなくて、いつも温突《オンドル》（暖房装置、床下に煙道を設け、燃焼空気を通じて部屋を温める）にじっと寝ているのだった。「今夜はみんなに粟のおかゆをたべさせてやるよ」と母親は夫を見ないようにして言った。父親は寝返りを打って、壁の方を向いて身動きもしなくなった。少年はそれらすべてを理解したが、だからといって、どれほども心は動かなかった。赤ん坊なんていずれ遠からず死ぬだろうし、かれにとっては死んだも同然だった。

（小林勝『夜の次の風の夜』、「新日本文学」一九六七年五月号）

この朝鮮では、どこに住んで、どんな職業に就いても、なによりまず日本人だし、「旦那さん」なのだ。裁判所でも殖産銀行でも郡庁でも、目ぼしいところ全てで父親たちは、朝鮮人を部下として店員として工員として作男として日雇い人夫として使っている。しかもその「旦那さん」たちは朝鮮人相手に金貸しやって金をためたら、そのうち果樹園のおやじに納まる。

町へやって来た時はひどい貧乏していた日本人の家には、朝鮮ダンスや机が天井まで積み重ねてあり、真鍮《しんちゅう》の食器や便器があり、朝鮮式の冠、槍、布団、着物が積まれ、その部屋がどんどん建て増しされ、奇妙な形になっていった。その一方で朝鮮人が頭をこすりつけたり、涙を流したり、わめいたり、嘆願したりするようになっていた。

僅かな土地を持つ自作農に金を貸し、土地や家屋を担保にさせ、返済できない時は情無用で取り上げる。時には警察の手を借りてまで。町の高地には日本人が住み、町の低地には大多数の朝鮮人の家屋があり、洪水となると、流れてくるのはみな朝鮮人の家財で、外からの見舞い物資は被害を受けなかった高地の日本人の家庭へ送りこまれた。

（『チョッパリ　小林勝小説集』三省堂、一九七〇）

「下着姿は悲しいが、余儀なく」パジで「国防婦人会」に出かける母親を見て、息子は自分が辱めを受けたように感じる。「いずれ遠からず死ぬ、泣く力もない赤ん坊」は植民地化された地域の生活を意味する。それは高地に住む「日本人の旦那さん」が高利貸しをして、「朝鮮人」から土地や家屋を取り上げたからだ。

背景には、日本帝国主義国家が隣国を植民地化し、自国の貧しい労働者や農村の次男・三男を「自発的」に送りだし、「定着」することを促した歴史がある。帝国は被植民者のみならず、帝国国民をもその犠牲にした。加害国の庶民は加害者でもあり被害者でもある。

著者の小林勝は植民地朝鮮の学校教師の息子として一九二七年に生まれ、十七歳で陸軍航空士官学校入学し、敗戦後に復員し、一九四八年日本共産党に入党したが、内部対立の末に除名された。一九五〇年に「朝鮮戦争と破防法」反対デモに参加し、火炎瓶を投げて現行犯逮捕され、東京拘置所に拘留され急性肺炎を患い、一九七一年に四十四歳で永眠した。

「貧しい移住民の息子」の立場から、被植民者の生活に同情するのではなく、共感の眼差しで少年期の体験をもとに小説を書き、「自己嫌悪と羞恥の文学」として評されている（以上、朴裕河著『引揚げ文学論序説』人文書院、二〇一六年、参照）。

あとがき

「みんな、じっとして動かないで冷たくなっているのでした。この土地で働いた日本人の子どもでした。いまはもう、なんのくるしいこともなくなっているのでした。たのしいやすらかな世界にいるのでした。もう逃げなくともいいのです。こうして、子どもたちは満州国のつぐないのために、みじかい命を失ってしまったのでした。この子たちは大人の罪のために、土へ帰ったのです。いや日本人の子どもだけではない。たくさんの、いろんな国の子どもたちが満州の土の上で死んだのです。なんの理由も意味もなく殺されたのです。
(三木卓『ほろびた国の民』角川文庫、一九六九年)

「因果応報」という言葉があるが、戦後には、植民地生まれの子どもたちが飢えと寒さと放浪の末に亡くなった。加害国の庶民はかつての被害国の庶民と同じ立場に置かれ、最も弱い立場にある子どもたちに災難が降りかかった。戦争は国と国の力による闘ぎ合いだが、勝っても負けても双方の庶民は疲れきってしまった。

対立があっても、武力によって解決はできないことを歴史的教訓として伝えておきたい。対等な立場の対話で妥協点を模索するしかない。大切なのは、社会で最も不利な立場にある人々が幸福になることだ。その指標は子どもにある。最貧国の子どもたちが幸せになれば世界平和がやってくる。この理想の実現には手間がかかるが、前提として、資本主義国家による植民政策の歴史を知り、反省することが必要だ。

日本は一八九四年の日清戦争から始まり一九四五年の敗戦まで約五〇年間、戦争に明け暮れした。その結果、学童疎開・戦災孤児・学徒動員・学徒出陣・従軍看護婦・シベリア抑留・引き揚げ・餓死など、様々な負の体験をした。

敗戦から七十六年を経て、その「負の体験と歴史」を知らない現在の子どもたちがいる。それに加え、戦後の日本政府は一九五一年に警察予備隊を創設し、総理が靖国神社を参拝、一九五二年に日米安保条約を結び、一九五三年に教科書検定を強化し、一九五四年に自衛隊創設、一九五五年に教育委員の公選制を任命制にするなど、戦時の体制を復活した。あたかも「負の体験と歴史」を抹殺しようとしているかのようだ。

こうした事態に抗うために記したのが本書だが、最初に掲載されたのは「子どもの育ちと法制度を考える21世紀市民の会」が発行する「子どもと法21通信」である。「市民の会」

は石井法律事務所内にある。同法律事務所の弁護士の石井小夜子氏は、年に一〇回ほど「憲法リレートーク」という学習会を催している。テーマは「教員の労働環境」・「校則」・「スクール・ローヤー」の教育問題、少年法「改正」・中国残留孤児・出入国管理法・子どもの権利条約・ジェンダー差別等と多岐にわたる。

「子どもと法21通信」の理念のいくつかを御紹介する。8．わたしたちはすべての人が子どもであったことを忘れません。11．わたしたちは国籍、年齢、職業、性別、思想、信条、宗教、家庭環境、疾病、障害、犯罪歴などによって差別することを許しません。16．わたしたちは政府、政治家、官僚、司法、行政、警察、学校、少年法と児童福祉法にかかわる諸機関・諸施設の子どもに無理解な行動を注視し、必要に応じて対話を申し入れ、また抗議を行います。……などである。

筆者に「戦時の子ども」をテーマに連載物を書くのを勧めて下さったのは石井小夜子氏である。石井氏は原稿の用語や地名や年代の誤りを指摘し下さり、事務所のスタッフの方々と一緒に、通信の編集や校正や印刷の作業もされていた。

この本を出版するにあたって、石井小夜子氏と編集委員の岩田忠氏、野澤朋子氏、橋本美緒氏、中島三晶氏、藤原直子氏に心より感謝申し上げたい。

末筆ながら、青土社編集部の西館一郎氏には大変お世話になった。心から感謝申し上げる。

二〇二一年一〇月

佐々木賢

戦時下の日常と子どもたち

2021年12月10日　第1刷印刷
2021年12月15日　第1刷発行

著者――佐々木 賢

発行人――清水一人
発行所――青土社
東京都千代田区神田神保町1-29　市瀬ビル　〒101-0051
電話　03-3291-9831（編集）、03-3294-7829（営業）
振替　00190-7-192955

組版――フレックスアート
印刷・製本――シナノ印刷

装幀――コバヤシタケシ

ISBN978-4-7917-7434-0　Printed in Japan